世界五千年
科技故事丛书

卢嘉锡题

世界五千年科技故事丛书

走进化学的迷宫

门捷列夫的故事

丛书主编　管成学　赵骥民

编著　许国良

吉林出版集团 ＩＣ 吉林科学技术出版社

图书在版编目（CIP）数据

走进化学的迷宫：门捷列夫的故事 / 管成学，赵骥民主编.
-- 长春：吉林科学技术出版社，2012.10（2022.1 重印）
ISBN 978-7-5384-6083-4

Ⅰ. ① 走… Ⅱ. ① 管… ② 赵… Ⅲ. ① 门捷列夫，
D. I.（1834～1907）－生平事迹－通俗读物
Ⅳ. ①K835.126.13-49

中国版本图书馆CIP数据核字（2012）第156191号

走进化学的迷宫：门捷列夫的故事

主　　编	管成学　赵骥民	
出 版 人	宛　霞	
选题策划	张瑛琳	
责任编辑	潘竟翔	
封面设计	新华智品	
制　　版	长春美印图文设计有限公司	
开　　本	640mm×960mm　1 / 16	
字　　数	100千字	
印　　张	7.5	
版　　次	2012年10月第1版	
印　　次	2022年1月第4次印刷	

出　　版　吉林出版集团
　　　　　　吉林科学技术出版社
发　　行　吉林科学技术出版社
地　　址　长春市净月区福祉大路 5788 号
邮　　编　130118
发行部电话 / 传真　0431-81629529　81629530　81629531
　　　　　　　　　　 81629532　81629533　81629534

储运部电话　0431-86059116
编辑部电话　0431-81629518
网　　址　www.jlstp.net
印　　刷　北京一鑫印务有限责任公司

书　　号　ISBN 978-7-5384-6083-4
定　　价　33.00元

序 言

十一届全国人大副委员长、中国科学院前院长、两院院士

路甬祥

放眼21世纪，科学技术将以无法想象的速度迅猛发展，知识经济将全面崛起，国际竞争与合作将出现前所未有的激烈和广泛局面。在严峻的挑战面前，中华民族靠什么屹立于世界民族之林？靠人才，靠德、智、体、能、美全面发展的一代新人。今天的中小学生届时将要肩负起民族强盛的历史使命。为此，我们的知识界、出版界都应责无旁贷地多为他们提供丰富的精神养料。现在，一套大型的向广大青少年传播世界科学技术史知识的科普读物《世

界五千年科技故事丛书》出版面世了。

由中国科学院自然科学研究所、清华大学科技史暨古文献研究所、中国中医研究院医史文献研究所和温州师范学院、吉林省科普作家协会的同志们共同撰写的这套丛书，以世界五千年科学技术史为经，以各时代杰出的科技精英的科技创新活动作纬，勾画了世界科技发展的生动图景。作者着力于科学性与可读性相结合，思想性与趣味性相结合，历史性与时代性相结合，通过故事来讲述科学发现的真实历史条件和科学工作的艰苦性。本书中介绍了科学家们独立思考、敢于怀疑、勇于创新、百折不挠、求真务实的科学精神和他们在工作生活中宝贵的协作、友爱、宽容的人文精神。使青少年读者从科学家的故事中感受科学大师们的智慧、科学的思维方法和实验方法，受到有益的思想启迪。从有关人类重大科技活动的故事中，引起对人类社会发展重大问题的密切关注，全面地理解科学，树立正确的科学观，在知识经济时代理智地对待科学、对待社会、对待人生。阅读这套丛书是对课本的很好补充，是进行素质教育的理想读物。

读史使人明智。在历史的长河中，中华民族曾经创造了灿烂的科技文明，明代以前我国的科技一直处于世界领先地位，涌现出张衡、张仲景、祖冲之、僧一行、沈括、郭守敬、李时珍、徐光启、宋应星这样一批具有世界影响的科学家，而在近现代，中国具有世界级影响的科学家并不多，与我们这个有着13亿人口的泱泱大国并不相称，与世界先进科技水平相比较，在总体上我国的科技水平还存在着较大差距。当今世界各国都把科学技术视为推动社会发展的巨大动力，把培养科技创新人才当做提高创新能力的战略方针。我国也不失时机地确立了科技兴国战略，确立了全面实施素质教育，提高全民素质，培养适应21世纪需要的创新人才的战略决策。党的十六大又提出要形成全民学习、终身学习的学习型社会，形成比较完善的科技和文化创新体系。要全面建设小康社会，加快推进社会主义现代化建设，我们需要一代具有创新精神的人才，需要更多更伟大的科学家和工程技术人才。我真诚地希望这套丛书能激发青少年爱祖国、爱科学的热情，树立起献身科技事业的信念，努力拼搏，勇攀高峰，争当新世纪的优秀科技创新人才。

目　录

目　录

巨幅图表下的英灵

1907年2月，清晨，俄国彼得堡城。

天色灰暗，北风呼啸。阴霾的天空不时地飘着雪花，路边光秃秃的树枝，在寒风中吱吱作响。雪已经下了三天三夜，马路、楼房，整个古城都穿上了素朴的银装，路上行人稀稀拉拉，显得格外凄凉。

突然，一列长长的送殡队伍踩着积雪经过中心大街。队伍的最前面，是几位青年大学生，他们抬着填有许多拉丁文字母和数码的巨幅图表；灵柩的后面，缓步跟着科学界人士、政府官员、学生……多达几千人。人们默不作声，面目忧戚，脚步沉重……那嘎吱、嘎吱的摩擦积雪声，更叫人心魄不宁。望着缓缓逝去的送殡队伍，围观的人群不由得议论起来。

"奇怪，送殡队伍前面，抬着一块大图表是什么？"有位平民诧异地问道。

"可能是什么大人物采取的一种新的葬礼仪式吧！"一位上了年纪的妇女模糊不清地信口回答了一声。

人群中你一言，他一语……

听到喧闹的争论声，一位青年人走近人群，向他们叙说了这巨幅图表的来历。

凝结着门捷列夫一生心血的这块图表，人们并不认识，可是，一提起德米特里·伊凡诺维奇·门捷列夫（Dmitrii IvaJlovich Mendeleev．1834—1907）这位誉满俄罗斯的大科学家的名字，人们都恍然大悟了：原来这是伟大的化学家门捷列夫的葬礼呀！旋即，人群沉浸在无比悲痛之中，由衷地向俄罗斯光荣的儿子——德米特里·伊凡诺维奇·门捷列夫，致以深切的哀悼和崇高的敬意。

门捷列夫把毕生的精力都献给了科学。他最主要的功绩，亦即对科学的最伟大的贡献，就是揭示了元素周期律。送殡队伍中的那块迎风招展的巨幅图表，便是今天几乎尽人皆知的元素周期表。

当然，元素周期表当时在俄国、在欧洲，乃至全世界的化学界，也是闻名遐迩的。因为这张图表，不仅为化学科学的发展立下了不朽的丰碑，而且还揭示一个由量变引起质变的自然规律。人们将元素周期表置于门捷列夫的葬礼之中，就是表示对门捷列夫丰功伟绩的缅怀和纪念。

参加门捷列夫葬礼的一位科学家，在沃尔科夫公墓——门捷列夫的墓地，向门捷列夫的遗体鞠躬做最后的告别时说："亲爱的德米特里，永别了。您在理论方面的建树，是同牛顿、开普勒、达尔文齐名的，都是全体有思维的人类的共同财富。"

"安息吧！伟大的……"

的确，就这些伟大人物对于各自领域所创造的业绩而言，门捷列夫确实可以与牛顿，与开普勒，与达尔文相提并论，前后辉映。门捷列夫——元素周期表，元素周期表——门捷列夫。即使不在元素周期表的前面冠以门捷列夫这个姓氏，人们也会很自然地联想到这位杰出的俄罗斯化学家，正如万有引力定律之于牛顿，行星运动三定律之于开普勒，生物进化论之于达尔文一样。

当人们将门捷列夫的灵柩埋葬后，留在地面上的元素周期表，被安放在门捷列夫的墓前。站在墓前的亲朋好友，望着这巨幅图表下的英灵，痛不欲生……一位白发老人在痛哭声中晕倒在地：她就是门捷列夫的姐姐玛丽雅·伊凡诺夫娜·波波娃。她比门捷列夫大得不多，从小总带着门捷列夫玩耍，有着深厚的姐弟感情。

她从昏迷中醒来，仿佛又回到70多年前西伯利亚的那座小城……

波波娃的回忆

那是1834年2月8日，一个晴朗的日子。俄罗斯西伯利亚托博尔斯克市的一个普通知识分子家庭又诞生了一个小男孩。

他的父亲伊万·巴甫洛维奇·门捷列夫，从外面急忙赶赴家中，看一看自己的小儿子，便上上下下地忙活起来……虽然这个家庭子女很多，伊万·巴甫洛维奇·门捷列夫背着沉重的生活负担，但是他的心情也和门捷列夫的母亲玛丽雅·德米特里耶夫娜一样，为儿子的到来感到高兴。他的情绪影响着整个家庭，孩子们望着父亲高兴的样子，欢快地共进午餐。

火炉烧得很旺，冬日的小屋里觉察不到一丝寒意。

玛丽雅·德米特里耶夫娜轻声地叫丈夫过来，"亲爱的巴甫洛维奇，为儿子取个名字呀！"她面带微笑地说道。

"德米特里·伊凡诺维奇·门捷列夫，怎样？"巴甫洛维奇以请示的口吻回答道。

就这样夫妇反复商量，最后为他们第十四个孩子取名为德米特里·伊凡诺维奇·门捷列夫，多么响亮的名字。然而当时家里人都不习惯这样称呼他，又给他冠上了一个爱称——米佳。

小米佳聪明、伶俐，备受父母的疼爱，姐姐、哥哥也非常喜欢他……

往事历历，波波娃泪痕满面。家庭的遭遇、苦难的童年……这一切一切又涌上心头，那双模糊的泪眼，又合上了。人们惊呼起来……

门捷列夫的父亲早年是位才华出众的人物。他毕业于彼得堡中央师范学院，先后担任过两个省级学校的校长。但是由于他思想激进，同情十二月党人，被沙皇政府流放到西伯利亚这个偏僻小城，任托博尔斯克中学校长，使这个一度辉煌的家庭，陷入困境。在这个被遗忘的角落，巴甫洛维奇勉强维持着一家的生活。

门捷列夫来到人世间才几个月，不幸又一次偷袭了这个贫寒的家庭：父亲巴甫洛维奇因患眼疾双目失明，后经手术恢复了部分视力，但上司还是让别人接替了这一中学校长的职位，使他不得不退休回家。微不足道的退休金怎能维持这样一个大家庭啊？玛丽雅·德米特里耶夫娜心急如焚。

这突如其来的灾祸，使玛丽雅这位柔弱温顺的母亲一度陷入迷惘。然而这位伟大的母亲很快就从焦虑的困惑中觉醒，毅然担负起全家生活的重担和教育子女的责任。她一边料理家务，一边四处奔波打工，渐渐地变得刚强起来。

一天，米佳的舅舅从阿列姆将卡村来到妹妹玛丽雅家。刚一坐定，便向妹妹谈起了他所办的工厂的事，并述说了他要到莫斯科定居的打算。

"我去莫斯科办事，工厂却乱了阵脚，真没想到。"玛丽雅的哥哥瓦西里·科尔尼耶夫生气地说。

"你出门在外，家里没有替你掌管生产的人吗？"玛丽雅循着哥哥的想法问道。

瓦西里逐渐谈到了他的来意，并向妹妹提出请求：

"你能否帮助我管理一下这个小工厂？"玛丽雅这才明白，犹豫不决地应了声："好吧！我想想看。"

几天后，玛丽雅就将全家搬到了距托博尔斯克小城几十里外的阿列姆将卡村庄，开始了经营乡镇企业的新生涯。

这座破旧不堪的小玻璃厂，早已濒临倒闭，生产、管理乱七八糟。玛丽雅对工厂进行一番整顿，很快使这座小小的玻璃厂起死回生。

出乎意料的是，这座小小的玻璃厂不仅使门捷列夫一家摆脱了困境，而且塑造了一个伟大化学家的童年。

化学王国的一位不速之客

　　母亲的刚强和干练，对于幼小的门捷列夫起到了决定性的影响，而玻璃制造工艺过程，则成了这个少年儿童最早接受的物理和化学教育的唯一途径。

　　玛丽雅接过哥哥的玻璃厂后，不仅在管理上采取了一系列改革，而且还改变了产品的种类，又上马了不少新产品。以药房的玻璃器具为主的产品，远近闻名，销路颇大，从而开创了这家玻璃厂前所未有的局面。与此同时，门捷列夫一家人的生活也开始有了转机。

　　小米佳渐渐长大了。他时常悄悄地溜进工厂，观看工人们怎样熔炼石英砂和加工玻璃。每当碰见工人们将石英砂子放到炉子里炼成洪亮的黏稠液体，又用铁管沾上一团熔液，巧妙地把它们吹制成各种形状的器皿，小米佳都觉得新奇，看得出神。"奇怪，硬硬砂子怎么放到火炉里一烧就会熔化呢？它为什么又能变成玻璃呢？"他一边聚精会神地瞧着圆的、弯的、椭圆的，各式花样、十分好玩的玻璃器皿，一边向工人叔叔们追问。有时他还情不自禁地溜到火炉跟前仔细观看。工人一见到他走近火炉，就笑呵呵地把他抱开。

长此以往，玻璃制造工艺在门捷列夫这幼小的心灵上，就留下了深刻的烙印。然而，谁能想到，这一点点的烙印竟化作了浓厚的兴趣，又将他拉进辽阔的化学王国。

一晃，米佳长成大孩子了。他的哥哥保尔要报考托博尔克中学了。玛丽雅和丈夫商量，让米佳和保尔一起报考中学。

"他还小啊！中学收8岁的孩子还是例外的情况，而米佳连7周岁还不到呢。"

"我想，中学会看在你这位老校长的面上答应的，他们会让两个孩子都登记报名的。"

1841年秋天，哥儿俩都进入了托博尔克中学。米佳被一年级录取，但是有一个条件，他要在一年级学习两年，直到满8周岁时为止。

门捷列夫从小在父母的教育下，就已经掌握了不少知识和科学常识，所以上学的头几年，就表现出卓越的理解力和记忆力。他对数学、物理学和地理学很感兴趣，而对那枯燥乏味的拉丁文则深感头痛。虽然父亲经常辅导他这门功课，但他的拉丁文仍时常考不及格。在当时旧式的学校里，拉丁文显得比任何学科都重要。每到临近学期末，学生们总是把讨厌的拉丁文课本斜立在树干旁，纷纷地向它投掷石块：瘦小的门捷列夫也为老师对拉丁文课的格外宠爱，深表不平，积极参加学生对拉丁文课本的污辱活动，所以遭到了老师的严厉批评。不过，门捷列夫对其他各门功课却有另一份情感，不仅有兴趣，而且攻读得刻苦。

春去秋来，秋别冬临，门捷列夫的学习成绩日渐优异。转瞬间，时间的脚步跨入了1847年。正当门捷列夫以饱满的热情欢度学习生活，畅快地享受着天伦之乐之时，一连串的不幸又一次一次地落到门捷列夫一家人的头上：先是父亲病故；接着，母亲得力的助手、门捷列夫的大姐离开人世。一年以后，母亲玛丽雅苦心经营的玻璃工厂又遭到火灾。工厂化为灰烬，大家庭也不得不解体，门捷列夫的哥哥外出谋生，姐姐结婚嫁人，留给母亲的只有最小的儿子门捷列夫、一个尚未出嫁的小女儿丽莎和一片孤独和凄迷。

悲欢离合谁不曾有过，可像门捷列夫这样童年时代就饱尝凄风苦雨的人，却实在罕见。也许，这屡屡的苦难遭遇，才形成了他百折不回的坚强性格；也许，没有这坚强的性格，他也不会走上这步履维艰的学术生涯。

不错，门捷列夫以超人的毅力和博大的胸怀，读完八年制中学课程。

玛丽雅欣喜地看到儿子的优异成绩，情不自禁地落下泪珠。激动、忧虑……庞杂繁复的心情交织在一起，伴她度过几个不眠之夜。

终于，玛丽雅拿定了主意：让儿子进入莫斯科大学深造！这是异想天开，还是感情的冲动？当然不是。望子成龙是所有母亲的企盼。

带着这份心思，玛丽雅变卖了全部家产，领着门捷列夫和丽莎乘上马车，开始了长达数千千米的长途跋涉。

坎坷不平的求学之路

1849年春，一个阳光明媚的日子。门捷列夫和姐姐丽莎及母亲玛丽雅，乘坐一辆四套马车，驶出阿列姆将卡村庄，奔向通往莫斯科的光明大道。

穿过高山，越过草原，四匹骏马不知疲倦地疾驰。

年轻的中学毕业生门捷列夫，兴致勃勃地观赏着一片又一片莽莽原野、古树参天的原始森林、美丽的河流……湖光山色，奇花异草，光怪陆离的大自然景色，使他情趣盎然，心花怒放。他像笼中之鸟又回归大自然一样，显得格外欢快。

看到米佳高兴的样子，玛丽雅焦急的心情略有些平静。她仰望蔚蓝的天空，深深地吸了一口清新的空气，叹声道："上帝会保佑我儿子进入莫斯科大学的！"

夜幕降临了，全家人在马车上吃罢便餐，又急着赶起路来。伴着车轮的滚动声和马蹄的节律，门捷列夫进入了梦乡。

经过数日的长途跋涉，他们终于抵达目的地——莫斯科。

马车刚一入城，就被浓浓的白雾吞没了。门捷列夫四处环顾，可是，被白雾笼罩的莫斯科的早晨，看到的只是咫尺远却模糊不清的影子。马车、人流、建筑……时隐时现，仿佛有迷路的感觉，叫人恐慌。老天真不作美，没能让这位激情满怀的中学生，领略一下这古都的风光。也许这是苍天的安排？也许这是不祥之兆？玛丽雅心乱如麻。

好不容易，他们才找到了莫斯科大学。门捷列夫满怀学习的热情和求知的渴望，随着母亲踏入这所著名高等学府的大门，但是谁能料到，迎来的却是校方的异常冷淡。政府官员也绝无通融余地地表示：托博尔斯克市属于喀山学区，从那里毕业的学生只能报考喀山大学。母亲一颗火热的心，顿时像被泼了一盆凉水似的冰冷起来。有些好心人劝说玛丽雅，建议她为门捷列夫找个赚钱的差使，留在莫斯科算了。可是这位伟大的母亲和普通人却不一样。她始终有一股劲，那就是为了儿子的前途，不到黄河不死心。于是，她毅然决定，再到彼得堡去。

1850年春，一家3口又风尘仆仆地来到古城彼得堡。遗憾的是彼得堡大学同样不肯接收外省来的中学毕业生。门捷列夫心灰意懒，闷闷不乐。

"进入彼得堡大学是不可能的。但是，可以试试别的高等学校！例如，外科医学院毕业生的前途也蛮不错。"她丈夫的一个朋友说道。

然而，这种想法未能实现：门捷列夫不能在解剖室工作，他常常感到强烈的恶心和头痛。

"只有入师范学校了，你爸爸就是彼得堡师范学院毕业的。而且学杂费、膳宿费一切免交，这样我可以不再为你操心了。"玛丽雅这样决定下来。

彼得堡师范学院两年招一次新生，1850年不招生。玛丽雅向教育部递了呈文，请求破例录取她的儿子。

门捷列夫很幸运，由于彼得堡师范学院的校长是亡父的同学，千方百计给予照顾，并与部里协调。最后终于得到教育大臣的批准：只要门捷列夫学科考试及格就允许入学。于是他考入了这所学校的物理数学系，并得到政府津贴住宿生的待遇。

门捷列夫入学后，家中只有玛丽雅和丽莎两人。长时间的奔波结束了，一种不习惯的平静对于精力充沛的玛丽雅来说，似乎是致命的打击，她好像忽然筋疲力尽了，并莫名其妙地日渐憔悴。

"永别了，我的孩子。对于你的未来，我死也放心了。我相信，你将成为一个伟大的……"

玛丽雅·德米特里耶夫娜这位伟大的母亲对儿子的祝愿尚未说完，就被死神夺走了生命。

门捷列夫伏在母亲的身上失声痛哭。

这是门捷列夫入大学那年的秋天。

半年后，门捷列夫的姐姐丽莎也相继离开了人世，他一下子变得孤苦伶仃。然而，门捷列夫并未因此消沉下去，而是以他那惊人的毅力开始了新的学习生活。

领路人

对于举目无亲又无财产的门捷列夫来说，学校就是他的家。

彼得堡师范学院是一所国立高等学校，附属于彼得堡大学，由历史、语文与物理数学系组成，学生只有100来名，大部分教授由大学部派来兼任，像化学家伏斯克列森斯基（1809—1880）、物理学家楞次（1804—1865）和数学家奥斯特洛格拉德斯基（1801—1861）等不少著名学者都在这里执教。由于学生少，即使是著名学者也只教四五个大学生，最多的也不过10名，因此，他们对于每个青年学生都能给予极大的关注。

门捷列夫刚入这所学校时，由于中学是在托博尔斯克那个小地方读的，基础打得不够好，所以第一学期的学习成绩在班里名列倒数第四。但他毫不气馁，通过孜孜不倦的努力，很快便后来居上了。

在学习方面给予门捷列夫最大帮助的，是化学教授伏斯克列森斯基。他后来回忆这位老师时说："别人谈论的往往是科学事业中的巨大困难，而伏斯克列森斯基教授却常常教导我们：'馅饼不是从天上掉下来的。'"伏斯克列森斯基讲课时的那种真实淳朴的诱导、幽默的宕发和经常鼓励大家独立思考的教法，吸引了许多青年大学生。正是受他的影响，门捷列夫才对化学发生了浓厚的兴趣，进而走进化学王国的辉煌殿堂。

如果说彼得堡师范学院为门捷列夫提供了从事学术研究的基础条件，那么伏斯克列森斯基便无愧为门捷列夫从事化学研究的领路人。

虽然彼得堡师范学院的学生享有免费食宿的待遇，但是这所学校对学生的管理却相当严格，制度几乎与兵营相同。学生即使获准进城，也只能待很短的时间。为了赶上同班的同学，门捷列夫一方面要努力自学第一学年的课程，同时，他还需要上新课和做新课的作业。精神的极度紧张影响了这个年轻人的健康。他大学三年级时，身体就垮了：食欲缺乏，面容消瘦，咳嗽不止，甚至连听到早晨起床的钟声也成为一种痛苦。门捷列夫不得不到学校的医院去看病。

"四肢无力。每天早晨起床后，我用冷水擦脸，不仅没有清醒的感觉，反而耳中还嗡嗡地响，干咳加剧……"

老医生仔细地听了病人的叙述，皱起眉头。

"咯血吗？"

"偶尔有。"

"住院吧，小伙子。别那么悲观地看着我，为了不被同学们落下，我允许你继续学习。"

听罢老医生语重心长地劝说，门捷列夫只好接受了医嘱，然而他不知道自己患上了肺病。

当时，肺病是不治之症，所以校务会议决定，让他转到基辅大学去学习，因为那里的气候温和湿润，有利于他的健康。但是，门捷列夫重视伏斯克列森斯基教授等人在科学上的帮助和友谊，没有离开彼得堡。他躺在校附属医院的病床上，医生们把他当做濒死的病人来护理，甚至干涉他在床上翻身。面对这一切，门捷列夫非但没有过分保养自己的身体，反而把书本纸笔弄到病房里，一天也没有停止过学习和研究。医生和护士对于这个病人的不屈意志甚为惊讶，最后只好听之任之，让他回到教室去学习。

说来也奇怪，门捷列夫竟好似康复了！也许是他的毅力战胜了病魔，也许是科学的需要．才使他绝路逢生。

1854年，还不满21岁的门捷列夫在伏斯克列森斯基教授的指导下，完成了一篇研究论文《芬兰褐帘石的化学分析》。这是一篇分析一种矿石化学成分的论文。伏斯克列森斯基教授读后，大为赞赏，在上面写下了这样的评语："这一分析做得很出色！值得登在俄罗斯矿物学会的会刊上。"论文发表后，门捷列夫异常兴奋……兴奋中他又完成了第二篇有关分析矿物成分的论文：《从鲁斯基拉到芬兰的辉石》。不久，他又开始研究同晶现象，为自己的毕业论文做准备。

同晶现象是指一种化合物中的元素被相似元素代替时，其结晶形式不变的现象。比如，甲元素与乙元素性质相似，那么，甲元素的化合物的结晶形式就同乙元素的化合物的结晶形式相同；反过来，由两种化合物的结晶形式的相同，同样也可以推知组成它们的某两种化学元素的性质是相似的。门捷列夫在彼得堡师范学院的实验室里，调配制成了许多种物质的结晶体，并把它们同天然矿物标本作了比较。他还将一种物质的结晶体，如甲元素化合物的晶体，浸在与它属于同晶物质的另一种物质的饱和溶液中，如浸在乙元素化合物的饱和溶液中，结果，在甲元素化合物的晶体外层，凝结了乙元素化合物的结晶体。它们结合得那么天衣无缝，酷似果肉与果核。门捷列夫以极其浓厚的兴趣实验着，观察着……终于在1855年以这一研究成果写成了自己的毕业论文：《论同晶现象与结晶形状及其组成的关系》。

许多年以后，他在汇编自己的科学著作时写道："师范学院要求提出自己的毕业论文题目时，我选择了同晶现象。我觉得这个题目在自然科学发展史上有重大意义。写这篇论文，使我对化学研究工作发生了更加浓厚的兴趣，论文本身也因此包含了更多的内容。"

如果说门捷列夫当时就开始了探寻元素周期律的工作，那自然使人大惑不解。但是，他在研究同晶现象时，确实曾努力获得关于同晶物体的各元素之间相互联系的概念，并正确地认识到，发现这些关系就是研究化学的一项极其重要的任务。后来，创立了元素周期律的门捷列夫不止一次地强调，他最初的研究工作对于发现元素周期律的意义："同晶现象也就是各种不同物质形成同样结晶形状的能力，这是同族化学元素的一种典型属性。"

　　一个普通学校的大学生，竟在读书期间取得了这样辉煌的研究成果，真叫人不敢相信。更令人折服的还是这些成果是他与病魔做斗争的同时取得的。的确，门捷列夫直到大学毕业，肺病还未痊愈。

转折点

1855年5月，门捷列夫以第一名的优异成绩．毕业于彼得堡师范学院，并且荣膺了一枚金质奖章。

毕业典礼开始了。主持人身着银灰色的俄式服装，风度翩翩地走上主席台，庄重地宣布："55届毕业典礼开始！"话音刚落，会场掌声一片。

当校长宣布毕业生成绩时，全体同学的目光都转向了伏斯克列森斯基教授和他那天才的学生门捷列夫。

"这位乡下的学生，怎么会考得如此之好？"一位金发碧眼的女生质疑道。

"其实门捷列夫现在身体还未痊愈呢！他能取得这么

好的成绩，我觉得是与他那异乎寻常的吃苦精神、坚忍不拔的毅力和对科学的无限热爱分不开的。"邻座的男同学客观地回答。

你一言，我一语，同学们窃窃私语……但很多卓有远见的人，从门捷列夫所取得的考试成绩和他的毕业论文，已经看出了他未来准会成为一名出色的科学家。

同学们这样看门捷列夫，老师也是如此。一位教授在毕业典礼后特地给院长写了一封推荐信，极力推崇门捷列夫的才能，指出他"在化学上很有进一步深造的必要"。然而，正当院长要将门捷列夫留校任教时，学校附属医院的医生们却从另一角度提出了与之相反的意见。他们认为门捷列夫应该到南方去工作，因为彼得堡的气候对于这位才能出众的青年的健康太有害了，尤其是他还患着可怕的肺病！

不错，人们怎会相信，一个获得如此优异成绩的高才生，竟会是一位身患"绝症"——肺结核的病人。院长得知门捷列夫的健康状况后，不由得为他流下了惋惜的热泪。他心情沉重地对门捷列夫说道："保重你的身体，是科学的需要。对不起，我的高才生，你只好到南方去任职了……"

南方的两个城市——敖德萨和辛菲罗波尔，都有中学教师职位的空缺，门捷列夫可以任选其中之一。相比之下，敖德萨既有学术研究会，又有藏书丰富的图书馆，而辛菲罗波尔却没有这样的条件。门捷列夫毫不迟疑地选择了前者。可是，这位苦命的大学生，离开了昨天的不幸，又走上了一段新的苦旅。在沙皇统治下的俄国，国民教育部竟把他同另一个姓名字母与他绝不相似的人"搞错"，那个人前往敖德萨，而门捷列夫则给打发到辛菲罗波尔。无论是校方的交涉，还是门捷列夫本人的抗议，都无法改变成命。1855年8月，门捷列夫不得不前往辛菲罗波尔赴任。

　　当时，正值克里米亚战争时期（1853—1856），俄国军民在距离辛菲罗波尔不远的塞瓦斯托波尔抵抗英国、法国、撒丁王国和土耳其的联军。门捷列夫到达辛菲罗波尔没有几天，坚守了将近一年的塞瓦斯托波尔就沦陷了，辛菲罗波尔的形势更加岌岌可危。门捷列夫被派去教书的那所中学，由于战争的原因迟迟不能复课，而学校里又丝毫没有进行科学研究的条件，习惯于不间断地学习和工作的门捷列夫，十分苦恼。

　　门捷列夫的苦闷和无所事事影响了他的健康状况。每每想到自己的身体，他都心灰意冷。他度日如年。两个多月过去了，他一无所获。忧心忡忡的他常常为自己的身体和命运不平……

一天，门捷列夫从梦中醒来，猛地，山川、历史、童年的幻想、生命的潜藏、母亲的遗言，全都涌现在眼前。他恍然大悟，不能消极对待人生。于是他便开始积极寻医治病。终于，他遇到了一位非常高明的医生。这位医生诊查后发现门捷列夫患的不是肺结核，而是一种并不危险的心瓣膜病。至于偶尔的咯血，不过是喉头出血症罢了！这一诊断结果，使门捷列夫如释重负，像瀑布冲击涡轮机一样，使门捷列夫的机体产生了巨大的能量。可以说，是这位医生给了门捷列夫第二次科学生命。后来，门捷列夫一再以感激的心情谈到这位"名副其实的医生"。

门捷列夫虽然精神上获得了巨大的能量，但是物质生活上还是饥寒交迫。

受克里米亚战争的影响，辛菲罗波尔的物价猛涨，形势也越来越坏。贫病交迫的门捷列夫，怎能在这种环境下工作和从事他的科学研究呢？他万般无奈，只好决定一走了之。

当年秋天，寒风乍起，门捷列夫穿着一件勉强御寒的短皮袄，带着仅有的一个月的薪水，来到了敖德萨。凭着大学毕业的资历和成绩，他很快在敖德萨第一中学找到了工作，任数学、物理和自然科学科任教师。他苦心孤诣，一面教书，一面准备报考科学硕士学位的论文：《论比容》。

比容是单位质量所占的体积。不同物质的比容是不同的。当物质发生物理变化或化学变化时，其比容也会发生相应的改变。门捷列夫进行了许多次实验。他完全摒弃了贝采利乌斯的二元论，而从日拉尔的一元论出发，研究了比容问题，最后完成了自己的硕士学位论文。这篇论文不仅显示了门捷列夫惊人的总结能力和广博的化学知识，而且还指出了根据比容进行化合物的自然分组的途径。无疑，他在探索元素规律的进程中，又向前跨进了一步。若干年后，门捷列夫发现了元素周期律，他这样回顾说："比容，即密度的倒数，它正如我后来所观察到的一样，是元素随着原子量增加而出现周期性性质变化的最明显的例证之一。"

1856年5月，门捷列夫获得了3个月的假期，于是他便动身到彼得堡参加硕士考试。在著名的彼得堡大学里，他所有的考试科目都获得了最高的成绩，但由于他的论文

《论比容》没有印出来，答辩未能如期进行。

"十分明显，答辩将在秋季举行。"同自己的学生保持着友好联系的伏斯克列森斯基说道。

"看来，我得申请延长假期了。否则，我就得回敖德萨去。"

"别再回敖德萨了，德米特里·伊凡诺维奇，留在彼得堡吧。"

"可是，第一，在敖德萨我还得再干一年才到期。第二，在这里也没有空缺职位。"

"你可以先干一段时间副教授的工作。你的底子厚，你会毫无困难地通过考试，取得讲课的资格。给部里写份申请吧，我设法帮助你。"

就这样，门捷列夫在彼得堡大学提前工作了几个月。秋天，他果然出色地通过了论文答辩，应试报告《硅酸盐化合物的结构》很成功。彼得堡大学校委会一致同意授予门捷列夫物理和化学硕士学位。1857年初，这位当年被彼得堡大学拒之于门外的外省中学生，如今竟成为24岁风华正茂的物理和化学硕士，而且还荣升为彼得堡大学化学教研室的副教授。不久，又当选为系秘书。

异国他乡崭露头角

　　彼得堡大学虽说是当时俄罗斯的"最高学府"，但由于沙皇政府不重视科学研究，实验条件非常糟糕。门捷列夫的实验室是两间铺着石板的小房间，通风极差。他每次做化学实验，不管外面寒风怒号还是雨雪霏霏，都必须隔一会儿就离开房间到外面呼吸几口新鲜空气。实验设备更是简陋，他不得不亲自动手制作试管和橡皮接头。实验经费少得可怜，就连当时俄国最著名的化学家齐宁（1812—1880），政府每年拨给他的实验经费也只有30个卢布！化学家们常常带着苦笑自嘲说："实验室越简陋，实验研究的成绩越优良。"

门捷列夫生活上虽有转机，但对社会充满不平。

"我把搞科学研究工作的时间白白地浪费掉了，"门捷列夫向伏斯克列森斯基诉苦道："一篇论文花了那么多的时间，可是稿费却很少。"

"大家都一样，德米特里·伊凡诺维奇。我在5所高等学校讲课，可是收入却微薄得可怜。在俄国进行科学研究是很困难的。很遗憾，现实就是这样的可悲。人们把我们和官吏等同看待，但是，搞科学的人不是官吏。研究人员需要自由——思想自由，行动自由。"

"有这种思想的人不久就会被投入铁窗之内，亚历山大·阿勃拉莫维奇……"

"遗憾的是，确实如此。听我的忠告，到外国去吧！在国外你可以认真地进行研究工作。那时，你就不用再为薪金的事分心而丢下主要工作了。"

不错，在此之前，门捷列夫为了引起政府和社会对科学研究的重视，在繁忙的教学和研究工作之余，又兼职主持了《国民教育杂志》的科学报道部。他在这个刊物上发表了许多文章，例如：《关于液体玻璃和玻璃釉药及其用法》、《新染料》等。这些文章不仅运用科学知识指导了工业生产，更重要的是指出了两者的密切关系，即不发展科学，工业就不能获得进步。然而，沙皇政府对于科学的态度，不是一个区区的年轻化学副教授写写文章所能改变得了的。副教授的薪金照样不能按时支付。门捷列夫不得不决定离开他心爱的彼得堡大学，到国外去留学，以深入进行自己的研究工作。

1859年初的一天，刚从讲台上走下来的门捷列夫，仿佛背着沉重的包袱，垂头丧气地向办公室走去。一到办公室，便看到了来自教育部的一封信，拆开一看，他顿时高兴得跳起来……原来这是部里的批件，同意门捷列夫到欧洲去"在科学方面进行深造"，地点由他自己选择。门捷列夫两年前就已经向部里申请出国留学，可是没有批复的回音，他常常为此事烦恼。这突如其来的消息，使门捷列夫心头的阴霾顿时消散。他急忙向伏斯克列森斯基教授那儿跑去。

"老师，我出国的事批下来了。"门捷列夫匆匆忙忙地向伏斯克列森斯基教授汇报。

"多长期限？到哪个国家？我亲爱的！"

"期限两年，地点自己选。"

"杜马在巴黎工作，李比希在基森，凯库勒在根特……"伏斯克列森斯基迟疑了一会儿说："我看普鲁士的海德堡不错，海德堡大学不仅有比彼得堡大学完善得多的实验条件，而且还有许多大科学家在那里工作，例如本生（1811—1899）、基尔霍夫（1824—1887）和卡利乌斯（1829—1875）等。他们都是第一流的科学家和实验能手。"

在老师的指导和关怀下，门捷列夫选定了普鲁士的海德堡。一个月后，他来到海德堡大学。本生十分亲切地接待了他，并当即在自己的实验室里给他提供了位置。门捷列夫想先从定量测定化合物中的原子结合强度入手，方法是测量物质的某些常数，首先是测量液体的表面张力和测定毛细常数。于是他便着手做起实验来。

门捷列夫的研究目标相当远大，5年前在撰写大学毕业论文时就曾提到研究化学元素之间的相互联系。今天具体干起来，他则想从定量测定化合物中的原子结合强度入手。他写信给国内母校的老师说："我确信，如果不知道分子内聚力的大小，就不可能解决关于化学反应原因的问题。因此我选择了这个很少有人研究过的课题。"

然而，门捷列夫刚开始工作，就遇到了麻烦。在他旁边做实验的卡利乌斯正忙着制取硫的有机化合物，不时地冒出比臭鸡蛋还要难闻的气味，使门捷列夫头痛异常，咳嗽时而发生。另外两位大科学家本生和基尔霍夫，此时正集中精力研究用光谱分析的方法发现新元素，也顾不上照应从俄国来的青年化学家。于是，门捷列夫利用自己所领到的有限出国费用，到巴黎、波恩购置了一些必需的实验设备和化学试剂，回到海德堡。他将自己的两间住房腾出一间，建起了一个小小的实验室。

门捷列夫终于在自己的实验室里工作了。实验计划本身是创造性的，买来的仪器往往不够用，门捷列夫就自己动手设计制造。童年时代在玻璃工厂获得的知识帮助了他。有一种根据门捷列夫设计制成的比重瓶，由于能精确地测量液体的比重，获得了广泛的应用，后来被人们称为"门捷列夫比重瓶"。

那时，在海德堡有许多俄国科学家和政治侨民。门捷列夫和同胞们保持着密切的联系。"霍夫曼公寓"是团结这些远离俄国人们的一个独特中心。主人卡尔·霍夫曼是海德堡大学的副教授，从前在莫斯科呆过。他的妻子索菲亚·彼得罗夫娜是一位出色的女主人。她不仅会做一手好菜，像俄罗斯人那样慷慨地款待客人，而且还善于创造一种无拘无束的家庭气氛。每天午饭后，海德堡大学的见习生、青年化学家鲍罗丁就坐在钢琴旁，使室内充满了门捷列夫童年时就熟悉的民歌旋律。鲍罗丁酷爱音乐，他把自己的朋友也引入了这一美妙而欢快的境界。他们常到邻近的城市去看歌剧或听音乐会。门捷列夫和鲍罗丁还数次到意大利、瑞士作短期旅行。

他们常常在亚·伊·赫尔岑的堂妹塔姬雅娜·彼得罗夫娜·帕谢克家中聚会。在这里，他们谈论俄国，憧憬它的美好未来……门捷列夫渐渐地成了这个小圈子的中心人物。

在这里门捷列夫生活得很开心，这无形中给他的科研工作带来了新的活力。所以门捷列夫在海德堡的工作效率特别高。

在测定化合物分子内聚力的大小时，门捷列夫巧妙地利用了液体的毛细管现象。因为毛细管中液体水平面之所以上升，是由于在液体分子之间以及液体分子与管壁分子之间有内聚力（后者现称为附着力）的缘故；这种互相吸引的内聚力，能使毛细管液柱上升到一定高度。他在海德堡写的第一篇论文《论液体的毛细管现象》中指出："液体密度与毛细管中液体上升的高度之乘积，可以作为测量内聚力大小的尺度。"实验中，门捷列夫将插有毛细管的液体进行加热，毛细管液柱明显地下降了。他由此得出结论：分子内聚力是可以通过加热逐渐减弱，直至完全消失的。当内聚力等于零时，液体就要成为没有内聚力的形态——气体，即变为蒸气。

当时，科学家们对于某些气体的液化有一个普遍感到伤脑筋的问题，他们用增压的方法，使一些气体液化成功，可是对于氧气、氮气、氢气等，无论怎样增加压力，甚至采用超高压，都无济于事，以致只好称它们为"永久性气体"。门捷列夫解决了这个难题，指出："任何液体在某个温度下都能变成蒸气，而且不管压力的增高还是降低，气体仍然还是气体。这个温度也就叫做绝对沸点温度（现在通称为'临界温度'）。"

他将自己的研究成果，写成了两篇新的论文：《论液体的膨胀》和《论同种液体的绝对沸点温度》。论文明确指出：当气体的温度高于临界温度时，无论施加多大压力，都不能使它变为液体。"如氧气、氮气、氢气这些气体之所以不液化，就是因为实验是在高于其绝对沸点温度的条件下进行的。只要把它们冷却到低于绝对沸点温度，就有希望液化成功。"后来，科学家们遵循门捷列夫所示的方法，使气体冷却到临界温度以下，果然毫无例外地取得了各种液态的气体，如液态氧、液态氮、液态氢等。

1860年，金秋时节，在化学界崭露头角的门捷列夫，同齐宁等人一起，参加了在卡尔斯鲁厄市举行的第一次化学家国际会议。这是化学家的首次世界性代表大会，它在化学史上具有里程碑意义。卡尔斯鲁厄会议之前，化学家们大都各行其是，元素符号、分子式书写等一片混乱。所以会议一开始，就发表了一份宣言，规定会议的任务是：用讨论的方法消除某些误解并促使各种意见趋于统一。

卡尔斯鲁厄会议开得很成功。在这次会议上，统一了化学元素的名称（命名），即规定采用该元素拉丁文名的第一个字母，如氧（Oxygenium）为O，氢（Hydrogen）为H，碳（Carbonium）为C；有的元素第一个字母相同，则加上第二个字母，如钛（Titanium）和钽（Tantalum）分别为Ti和Ta；前面两个字母都相同，则用第一和第三个字母表示，如砷（Arsenium）和银（Argentum）就用As和Ag来表示。会议还对原子、分子、化合价和原子量等许多化学概念进行了讨论，取得了比较一致的意见。

门捷列夫在这次国际化学盛会上，结识了不少当时著名的化学界人士，听到了许多精彩的学术报告，从而大大开阔了学术视野。与此同时，门捷列夫也成了化学界的后起之秀和备受推崇的青年化学家。

大学校门关闭之后

      国外的学术研究氛围，更激发了门捷列夫追求科学的愿望。在海德堡他珍惜每一刻时间，梦想在这里创造出更多的化学研究成果，所以他一再向俄国政府申请延长他出国的期限，遗憾的是未能得到批准，不得不于1861年初动身回彼得堡。

      回国前几天，门捷列夫虽说有点悲观情绪，但对科学的热爱使他始终没有半点松懈，他依然在喷灯的无色火焰上旋转着玻璃管进行加热，当玻璃软化时，管子就巧妙地和烧瓶接在一起。鲍罗丁靠在椅背上，仔细地观察着他的操作。

"你不应该发牢骚，你到海德堡来是大有收获的。"鲍罗丁诚恳地说道，"你发现了液体气化存在着'绝对温度'这一事实，不仅在理论方面，而且在实践方面都很重要。"

"是啊，'绝对温度'的存在具有重要的实际意义。超过这个温度，物质即不能以液态存在。这也同各种气体能否液化大有关系。"

门捷列夫关熄燃烧器，把烧瓶整整齐齐地放进一个大盒子里。

"很遗憾，高温下用锌促使有机氯衍生物转化的研究没能完成。我再准备物质、试样……想回国后继续实验。但是，我现在还不清楚国内是否有工作条件和经费。"

"我们希望一切都顺利，米佳·艾米尔要为你饯行。"

"好吧，借酒浇愁吧！"

在告别宴会上，德国著名科学家、门捷列夫的好朋友艾米尔·艾伦德说道："我亲爱的同行不是到这里来学习的。我们看到，他是一位真正的科学家，取得了很大的成就。祝愿他在自己的祖国取得更大的成就！"

"干杯！"大家异口同声地祝愿起来。

1861年2月末，门捷列夫回到彼得堡。这时正值学年中期，寻找教学工作困难很大。他去德国之前在大学中讲授的有机化学课程的笔记和提纲，是有机化学教科书的基础。公益出版社同意出版它，于是，门捷列夫一边整理他的讲稿、笔记，一边结合不久前在卡尔斯鲁厄化学家会议上获得统一的化学观点，编写有机化学教科书。他伏在一张高大的书桌上，夜以继日地干了起来。

  一天傍晚，伏斯克列森斯基走进门捷列夫简陋的书房，看到那一摞一摞乱七八糟的手稿，以及门捷列夫忙得焦头烂额的样子，不由得想起了弟子的工作。

  "你到武备中学去讲课吧。"伏斯克列森斯基心酸地劝说道，"我在其他地方有足够的课时，所以我完全可以把那儿的工作让给你。总这样没有工作也不行啊！"

  "老师，我不能接受这种帮助，不能因为我而使你失去一部分收入。"

  "不要把它看成是对你的帮助。如果我说我有很多的课时，那就是说，的确有。你快些写完教科书，我来为你张罗在新学年讲授有机化学课的事。"

  3个月过去，门捷列夫终于用汗水铸成了一部厚达400多页的巨著《有机化学》。这是第一本用俄文出版的有机化学教科书——在此之前，俄国大学生用的一直是德国出版的有机化学教材。

在这本有机化学书中，不仅阐明了某些化合物的性质，而且说明了这些化合物是如何由简单到复杂，形成过程中所发生的反应。无论是系统的理论阐述，还是新观点的引入，都颇有创意。例如，他论证了一系列元素原子量的变化，特别强调了元素极其重要的化合价属性。从而使人们对元素周期律的探索又向前迈进了一步。

其实，编写这部教科书也是对化学的研究和探索。所以化学界在赞扬这部著作的同时，也对门捷列夫给予了高度评价。

新学年开始了，门捷列夫开始了新的征程。他在几个工程技术学校里讲授化学、物理和自然地理，后又在彼得堡大学讲授有机化学。然而，好景不长，授课不到一年，沙皇政府下令把大学关闭一年——学生运动开始了。

大学校门关闭了，可是门捷列夫却丝毫没有停止攀登科学高峰的步伐。他以顽强的毅力继续编写《技术百科辞典》：撰写条目、校对……但是，收入仍不稳定，于是他想到开办一个化学工厂。门捷列夫在工艺学方面的知识很渊博。例如，在参观位于波罗维奇城附近的列伊赫尔教授的工厂时，他提出的建议就产生了很好的结果。但是，他担心搞工业企业会占去他的全部时间，干扰他的科学研究，最后还是将这一想法搁置起来，继续他的学术研究。

智慧之光

　　有机化学教科书的出版，使门捷列夫赢得了很高的声誉。人们以仰慕的眼光注视着他，可这位青年化学家却觉得压力越来越大。回想起当年到辛菲罗波尔去教书的情景，他又陷入痛苦的思索：怎么能使俄罗斯摆脱落后的痛苦呢？他认为，若想使俄罗斯独立地向前发展，那么，他首先应该及早地注意培养自己的柏拉图和牛顿！所以，他在化学研究方面，决心成为一位伟大的科学家，在教书育人方面，努力成为优秀的教师，培养出更多更好的人才。

　　是的，门捷列夫的教学效果确实出色，不愧为一名优秀的化学教育家。大学生们非常尊敬和爱戴他。他的一位学生曾经写道："凡是听过门捷列夫讲课或报告的人，都清楚地记得当时听众的那种异乎寻常的情绪。讲台上站着一个身材魁伟、背微驼、留着长须和长鬓发的人。他目光闪闪发亮，声音低沉有力，言辞充满激情。讲课的内容经常涉及力学、物理学、天文学、天体物理学、宇宙起源论、气象学、地质学、动植物的生理学和化学等各个方面，同时也涉及各门技术科学，包括航空学和炮兵学。"另一位学生则以抒情的语言描绘说："欢呼声和掌声像春雷一般震天撼地。这简直是一场暴雨，一阵狂风。全体同学都高声欢呼，欣喜若狂，尽情表达自己的颂扬和热忱……只要看到这种欢迎门捷列夫走进教室时的热烈场面，就会体会到他是一位伟大的科学家和伟大的教育家。他影响了许多人，并激发了所有接触过他的人的智慧之光。"

门捷列夫之所以在学生中间享有如此崇高的威望和声誉，是因为他努力实践自己的愿望——"把生命的宝贵时光和全部精力都贡献给教育事业"。

其实，门捷列夫的智慧之光不仅普照了化学教育事业，而且也照亮了科学研究的道路。他一边从事科学研究，教授大学的化学课；一边又努力将化学工艺知识运用到化工实践，指导祖国化工生产的发展。1861年，负责翻译德文版《工艺学手册》的一位彼得堡大学工艺学教授去世后，门捷列夫接替了他的工作，负责主编完成了这本内容相当丰富的工艺学手册，手册名义上是译作，实际上是门捷列夫根据他所研究的俄国工业经验中的许多资料独立写成的。1862年，《工业学手册》一出版，就产生了强烈的反响。

1863年春天，门捷列夫获得科学院为他的《有机化学》颁发的捷米多夫奖金。这时大学还没有复课，门捷列夫与费奥兹娃·尼基吉奇·列谢娃结婚后，就一起去欧洲度蜜月了……

回到彼得堡之后，学校刚刚恢复正常秩序，新婚的门捷列夫高兴地走上教学岗位。一天，一位工业巨头、石油工厂主，科罗列夫慕名来到彼得堡大学，邀请门捷列夫到巴库和苏拉罕现场指导工作。

"煤油的需要量越来越大。我的工厂不算大，可是，我这里的原料却是大量的。尽管我做了一切努力，但损耗仍很大。我希望在您了解这儿的条件之后，能告诉我可以采取什么措施。"科罗列夫请求道。

在科罗列夫盛情邀请下，门捷列夫来到巴库和苏拉罕，考察了近一个月的时间。他亲眼目睹了油田区：石油是用非常落后的技术从浅井中汲出来的，油井里的咸水往往比石油还多。油田虽然归国家所有，但以每期4年包租给私人。包租人毫不关心油田的基本建设和采油技术的改进，只像强盗似地汲油，盛满皮囊和木桶，运到轮船上贩卖牟利。煤油的运送手段更为简陋，因而损耗甚大。于是他建议科罗列夫修建一条通向工厂的输油管，并铺设一条由工厂通向码头的输油管。此外，他还建议用专门的船只运送煤油……

回到彼得堡后，他感慨万端，奋笔疾书，写出了一部关于发展俄国石油工业的著作，极力主张改革石油工业，并提出了制造油轮和巨大的输油管等建议。

1863年底，门捷列夫被聘为彼得堡大学有机化学常任副教授，年薪1200卢布。

"列谢娃，这是一个胜利。"他高兴地告诉妻子。

"当然，米佳。尽管薪金不高，然而它是固定的收入。现在，这一点对我们来说很重要。"

"问题不仅在于钱。教育部不喜欢我，认为我是一个不安分守己的人，可是终究还是签发了任命书。我们达到了目的。你知道，我不是一个迷信的人，可是我觉得，这是你给我带来的幸福。又是奖金，又是任命……"

"不，米佳。这归功于你自己。我们今后还有更美好的时光，只是你不要过于劳累了。"

几个月后，1864年初，门捷列夫又获得了彼得堡工艺学院教授的职位。学院还为教授们安排了住房。现在，门捷列夫的生活有了保障，不用过分操心家庭生活了，于是他便着手撰写博士论文。

"米佳，我真羡慕你，你简直是个非凡的人。你既编写《技术百科辞典》，又在3个学院讲课，还撰写关于玻璃生产的论文……也许，还有些我不知道的事吧？"鲍罗丁坐在门捷列夫的实验台旁，满怀热情地望着自己的朋友。

"是的，还有博士学位论文。你发现了吗？我有一个想法，把水溶解于酒精或把酒精溶解于水中，它们就会形成化合物。"

"这些溶液都是简单的混合物呀！"鲍罗丁惊奇地表示异议。

"看来，不是这样。如果它是简单的混合物，则溶液的量应该与酒精和水的原始数量相等，可是，它却少了些。"

"这真有意思！"

两人为此讨论起来……

其实，门捷列夫关于酒精与水的化合物的研究，已进行将近一年的实验了。

当时，科学界对于溶液的本质究竟是什么争论不休。大多数人认为，每种化合物都有完全确定的比例，不因制取的方法不同而改变，像水中的氢与氧的重量比总是1：8。而组成溶液的溶质和溶剂，却没有确定的比例，亦即不遵循定比定律，所以，溶液只能是混合物而不是化合物。只有少数科学家不同意这一看法，认为溶液不是简单的机械混合物，可是他们又提不出充足的论据。

门捷列夫为了弄清溶液的本质，他从酒精溶液入手，进行了一系列深入细致的研究。他发现，当酒精与水混合后，其体积会比原来两者的体积之和小些。经过多次测量试验，他进一步发现：当无水酒精（纯酒精）与水的重量比为46：54时，溶液的体积缩得最小。这一发现的意义不在于46和54正好合成一个整数百分比，而在于酒精的分子量是46，54则恰好是3倍的水的分子量。也就是说，当1个酒精分子和3个水分子组成酒精溶液时，溶质和溶剂结合得最为充分与完全。门捷列夫早在他的硕士学位论文《论比容》中就曾指出，当两种或两种以上的单质形成化合物时，如果反应的产物分子数小于参加反应的反应物分子总数，比容就减小，亦即产生体积压缩现象。于是，他便由此提出了一种新的学说，后来这种新学说成了"溶液水化理论"的基础。根据这一理论，酒精溶解于水并不是机械地混合，而是形成了某种化合物；溶解过程是化学过程，物质在水中溶解时，发生了一定的化合作用。

1865年1月31日，门捷列夫顺利地通过了博士论文答辩，获得博士学位。两个月后，他被任命为彼得堡大学化学工程学代理教授，秋天，被正式任命为教授。20多年后，他在深入研究不同温度和浓度的283种物质溶液的基础上，出版了一部专著《水溶液比重之研究》，进一步丰富了溶液水化理论，阐明了溶液就是化学交互作用的一般情况，就是一定的原子化合物，就是同含有结晶水的化合物相类似的化合物的观点。这大大促进了物理化学的发展，为近代溶液理论的建立奠定了重要基础。

化学迷宫

　　1867年，彼得堡大学聘请青年化学家门捷列夫担任普通化学教授，讲授无机化学课程。在这所著名的大学里作教授并讲授无机化学是何等的光荣！这一神圣的职责落到了这位33岁的青年教授肩上，他既感到光荣又感到责任重大。于是他决心尽自己最大的努力讲好这门课程，他翻遍了所有的无机化学课本，阅读了许多当时有名的化学家的著作，整日埋头在书刊里，勤勤恳恳地准备讲义。他知道，大学生们迫切需要一本能够反映新的化学科学发展水平的教科书，可是，现有的陈旧落后，不堪使用。外文版的无机化学教科书，同样也不适用。为此，门捷列夫决心自己动手编写一本新的教科书。

他找出了自己在求学时代和研究活动中多年积下的札记、笔录和著作，又把自己淹没在世界各国千百位化学家在许多年里所查出、所做过、所建立的事实和实验及法则的海洋里。他手头的资料，用来编写一部大学教程已经绰绰有余了。可是很奇怪，门捷列夫对于这门科学，虽然早已十分熟悉，但现在他越是深入科学丛林的深处，就越发感到糊涂起来。

无机化学与有机化学，是人为地将化学进行的分类。有机化学研究的是有机化合物，即所有含碳的化合物（除少数简单的含碳化合物，如一氧化碳、二氧化碳和碳酸盐等归入无机化合物外）。世界上由各种元素组成的无机化合物，不过5万多种，含碳的有机化合物，则有300多万种。然而，7年前门捷列夫编写《有机化学》时，分门别类，有条不紊，颇为得心应手；而着手编写关于无机化学的教科书《化学原理》时，却感到枝蔓错综，杂乱无章。有时觉得自己是在森林里从一棵树走向另一棵树，只对每一棵树做些个别描写，而这里的树却有千棵、万棵……

的确，当时已被发现的化学元素虽然仅有63种，可是每一种元素要和其他物质化合成几十、几百、甚至几千种化合物：氧化物、盐、酸、碱……化合物里，有气体、液体、晶体……其中有的没有颜色，有的五光十色，闪闪发光，有的气味强烈，有的没有气味；有的硬，有的软，有的重，有的轻，有的安定，有的不安定，几乎无法找到完全相似的两种物质。

组成大千世界的物质，真是形形色色，千姿百态！可是，这如此浩繁的物质，却被化学家们已经研究得十分详尽了。他们确切知道怎样来用其中的每一种物质和用哪一种方法来制作它最经济；他们已经测定了每一种已知物质的颜色、结晶体的形状、比重、沸点、熔点……并且把它们写到了教科书和手册中；他们还研究了热和冷、高压和真空对于每一种化合物会起怎样的作用；检查明白了每一种化合物会怎样和氧、氢起反应，怎样和酸、碱起作用，怎样彼此化合，怎样分解和怎样再生成，以及这时会产生多少热量……

这无数化学物质的性质，可以讲述几个星期、几个月，甚至几年。不过枝枝节节地讲得越多，听的人对于化学的认识反而会越少。因为在这片混乱的天地里简直没有一点统一性，也没有任何系统。难道组成世界的这些物质当真是漫无秩序，极其偶然地凑合在一起的吗？当时，绝大多数科学家都坚信，物质之间是无规律可循的。而门捷列夫则不以为然。他想在大学生面前展开一幅描写物质统一的、逻辑的图画，指出宇宙的物质构造所凭借的几条重要法则。可是他苦思冥想，竟找不出一点儿统一性和逻辑来。他仿佛走进了化学"迷宫"。

不错，当时人们都知道，这许多千差万别的物质，也可以简单化成数目不多的基本物质——元素。可是，这几十种元素里面，那时都是混乱、无序，带有偶然性的。

金属镁比碳更容易燃烧；白金可以放置千年不起变化，而气体氟却十分容易发生化学变化，连玻璃也经不住它的腐蚀……这一切的一切，化学家们都一清二楚。可是为什么会这样，他们却一无所知。大多数人认为，每一种元素和它所具有的一切特殊性质，都好像是物质的偶然表现。看来在物质的一切初级形态——元素中间，或至少在其中大多数中间，并没有一点儿亲缘关系。所以，他们讲元素，基本上都按着自己认为最方便的顺序来讲，通常从氧讲起。因为氧元素在自然界分布最广；有人从氢讲起，理由是氢在元素中分量最轻；有人从铁讲起，因为它是元素中最有用的；有人从金讲起，因为它是元素中最贵重的；有人从最少见的铟讲起……不管怎样。都有自己的理由。门捷列夫则不然，他不愿意兴之所至地向大学生们讲授无机化学课。他确信，"只是单纯地搜集事实——即使是极广泛地搜集事实；只是单纯地积累事实——即使是无遗漏地积累事实……这样的方法是不能获得成就的，甚至没有权利称为科学。科学的大厦不仅需要材料，而且需要计划，需要协调，需要劳动。"在门捷列夫看来，自然界并不存在杂乱无章的现象，如果看到自然界呈现出杂乱无章，那么只是由于人们对自然界认识得还不够。他不想盲目地在这座"迷宫"里漫步，决心寻找一般的规律，寻找一切元素都要服从的自然秩序。

事实上，在门捷列夫之前，或差不多与他同时，确实有一些科学家进行过或进行着这方面的工作，并且或多或少地取得了一些成绩。

1789年，法国化学家拉瓦锡（1743—1794）试图把当时已知的化学"元素"分成4个大类：气体、金属、非金属和土质。然而，这样分类虽然注意到了元素的性质，却没有揭示事物的本质。

1815年，英国医生普劳特（1785—1850）提出了非常大胆的"氢原子构成论"。按照普劳特的观点，所有的元素都是由氢原子构成的，它们的性质之所以不同，无非是因为所含有的氢原子多少不同罢了。现在我们都已知道，氢原子的原子核只有一个质子；而所有的化学元素，又的的确确是依着质子自然数序列递增而不同的（在元素周期表上称为"原子序数"）。所以普劳特的这一观点应当说在一定程度上触及了元素的本质，但在当时，人们都觉得不可思议。

化学界的权威责问普劳特：氢的原子量是1，为什么许多元素的原子量不是整数？现代科学可以轻易地回答这个诘难：因为原子核除了质子以外还含有数量有差异的中子，质子数相同而中子数不同的元素，称为同位素。每种元素的原子量，即是取其所含同位素的百分组成或相对半度（相对存在量）求得的平均同位素量，所以不是整数。自然，普劳特当时不可能说出这个答案。他的新观点也不得不被认为是一种臆造。

19世纪20年代末，累积发现的化学元素已有44种，人们对于这些元素性质的认识也比以前更加充分。比如，科学家们已经注意到，把性质相似的元素归纳在一起，可以分成若干族，像碱金属族的锂、钠、钾，卤素族的氯、溴、碘等。于是，1829年，德国化学家德贝莱纳（1780—1849）做了化学元素自然分类的首次尝试，他把每三个性质相似的元素归成一组，列出了"三素组表"，并且特别指出了"三素组规则"：每组中三个元素的原子量近似成等差级数，即中间一个元素的原子量约等于上下两个元素原子量的平均数。

德贝莱纳虽然列出了"三素组表"，揭示了每组元素原子量关系的规则，但是，发现元素全部规律的时刻尚未到来，因为人类所掌握的化学元素还不多．对它们各自的原子量的测定也不够准确。所以，被德贝莱纳列入表中的化学元素仅有已发现元素的三分之一。1857年，有人试图把当时所有已知的约60个元素硬塞到狭窄的。"三素组"模式中去，制定了共有18组的新三素组，结果当然失败了。在制定的18个三素组中，有8个组是由化学性质极不相似的元素组成的，如第11组，竟是氧、氮和碳！这与德贝莱纳的尝试相比，可以说是倒退了。

1864年，德国化学家迈尔（1830—1895）制定了"六元素表"。这张表将每组3个元素扩大到6个，排列的顺序也是按原子量的大小为先后，各组中相似位置的后面元素的原子量与前面元素的原子量之差非常接近。但是，迈尔没有对这个问题一口咬住不放，以致望而却步。他说："毋庸置疑，在原子量数值上，存在着一定的规律。不要以为这种规律现象看起来那么简单，则是极不正确的。"直到1869年，他再次修改了"六元素表"，才使它成了比较完整的一种元素周期表。

与迈尔制定"六元素表"几乎同时，1862年，法国地质学家尚古多（1820—1886）从另一角度提出了一种新的假设：如果把各种元素按照原子量由小到大排列起来，它们的性质会出现周期性的变化，每个周期包含16个元素。他设计了一个圆柱体，并在侧面画了一条由F盘旋而上的"螺旋线"，然后把各种元素按照原子量的递增依次写在线上，每个元素与从它数起的第17个元素就处在同一条侧垂线位置，它们的性质也确实很相似。其实，这个假设已较好地发现了元素性质周期性的变化。遗憾的是，尚古多向巴黎科学院报告自己的假设时，由于它与某些元素化学性质的事实不尽符合，而没有得到认可，尚古多关于"螺旋图"的论文受到冷遇，直至他逝世后多年才得以发表。

同样，在探索元素周期律方面取得成就却没有发表出成果的还有英国化学家纽兰兹（1837—1898），他拟定的"八音律表"，其思路与尚古多相似，结论更加符合于事实。他依照原子量大小将56种元素依次排列，发现从任何一个元素算起，每到第8个元素就同第1个元素的性质相近，好像7个音符，1、2、3、4、5、6、7之后，再高一个音就是i一样，所以叫它"八音律"，从"八音律表"的某些纵列（相当于族）和某些横行（相当于周期）的若干元素来看，纽兰兹离发现元素周期律已相隔不远。然而，纽兰兹是一位经验主义者，他只相信已知的事实，既没有预见到还可能存在尚未发现的元素，也没有考虑到单凭经验确定的原子量可能有误。所以他的"八音律表"也将某些化学性质极不相似的元素排入了一个纵列（族）。正因为如此，纽兰兹在英国化学会报告自己的发现时，不仅遭到漠视，而且被人耻笑。学会拒绝发表他的论文，会长还挖苦他道："你怎么不按元素的字母顺序排列呢？那样说不定会得到更妙的结果！"纽兰兹伤心之余，把附有"八音律"的论文往箱子里一塞，断然改行研究制糖工艺去了。

门捷列夫虽不知尚古多的"螺旋图"假设和纽兰兹的"八音律表"，但他了解到许多科学家对于化学元素规律所做的探索，以及"三素组表"、"六元素表"等成果。他坚信元素之间一定存在客观的必然规律，化学正面临着揭示元素规律这样一个极其重要的任务。于是他勇敢地闯入了这座"化学迷宫"，千方百计地寻觅规律或统一性……

巧用元素的"身份证"

走进"迷宫",门捷列夫满怀豪情,可是若想找出"规律"。走出"迷宫",谈何容易!

门捷列夫已经多日没有休息了。他面对着前人的点滴成果．面对几十种化学元素,苦苦思索……

双胞胎元素,三胞胎元素,并不仅是戴维和本生所发现的"易燃"金属那一族里才有。化学家们早就知道此外还有几个相似元素的族,例如．包括氟、氯、溴、碘的卤族;包括镁、钙、锶、钡的碱土金属族。

这种现象绝不会是偶然的。门捷列夫认为,一定有某种内在的依从性,某种联系存在于一切元素中间。一切元素里面，应该毫无例外地有着某种特征，既决定它们之间的类似，又决定它们之间的差别。知道了这点以后，就可以把所有的元素连同那不计其数的它们的化合物，全都排成十分整齐的行列，像按照个子高矮把士兵排成一队一样。

那么，决定元素在物质行列中的位置到底是什么样的基本性质，或关键性的特征呢？

门捷列夫循着这一思路探究不停。

也许是物质的颜色吧？

可是，应该怎样来认识元素的颜色呢？譬如磷吧，有黄磷，有红磷。磷的本来颜色究竟是红的，还是黄的呢？又如碘，固体的碘是深棕色的，还有金属光泽，可是对它一加热，就变成了紫色的蒸汽。又如黄金，如果把它打成极薄的箔，它竟变成蓝绿色，透明得像云母一样。

不，颜色如此不稳定，它显然是一种次要的性质，不能作为决定元素间自然秩序的标准。

那么，也许是比重吧？但这种性质更不稳定：一种物质只要对它稍微加点热，它的比重就起变化，使它相对地轻起来。

同样，元素的导热性、导电性、磁性及许多别的性质都不适用。

很显然，像每个人都有个特殊的相貌作为自己的标记一样，每一种元素也应该有一种更根本的特征作为它的标记。这个标记应该永远不起变化，没有它时，连元素本身也无法想象。这种重要而不可缺少的标记应该有个特点：即使这元素和别的元素化合而成新的复合物，具有了新性质，也不会失掉它。

这种标记是什么？怎样才能找到呢？

这个问题时刻萦绕在门捷列夫的心头。他盘算着，比较着，分析着……

时间一天一天地过去，虽然这位不知疲倦的青年化学家始终没有中止其思索，但还是没有找到这种标记。

一天傍晚，门捷列夫拖着疲惫的身体到室外散步。他走着走着，突然想到这种标记很有可能是"原子量"，便立即赶回书房。

是的，原子量！门捷列夫知道它，所有的化学家也知道它。可是很少有人重视它。

每一种化学元素都有它自己所独特的原子量，从实验中得出来的，那是一定的，绝不会变。不管物质的冷热，也不管它是物质的黄色变种，还是红色变种，原子量总是相同的。原子量无论什么时候，无论在什么条件下也不会改变。它是元素的"身份证"。

一种元素的原子量告诉我们，这种元素的每一个原子比起最轻的元素氢来，当时都是重多少倍。例如，氧的原子量是16，这就是说，任何一个氧原子的重量都是氢原子的16倍；金的原子量是197，那就是说，金原子的重量是氢原子的197倍。

原子量决定着组成每一元素的最简单的微粒—原子—的大小。

19世纪人们还尚未发现一种化学元素的原子不一定都是一样重。其实，许多元素都有变种，亦即所谓的同位素。有的同位素的原子比较轻，有的比较重，但它们的化学性质都相同。例如：自然界中的氧，如果有100000个是同位素氧16的原子，就有40个是同位素氧17的原子，200个是同位素氧18的原子；最轻的元素氢也有两种同位素，氘（原子量为2）和氚（原子量为3），自然界中的氢如果有100000个原子量为1的氢原子，就有15个原子量为2的氘原子，至于氚这种氢的同位素，因为有放射性，所以在自然界中遇不到。一切元素的原子量都是由两项条件决定的，一项是它的同位素的原子量，另一项是这些同位素在自然界互相混合的对比关系。这一同位素的问题，当时还没有被揭示，所以人们都认为同一元素的所有原子都是绝对一样的，任何一种元素的每一原子和任何另一种元素的每一原子间的差别，首先就表现在大小上、重量上。至于元素的其他一切特性，显然都应该由这一基本特征来决定，这个结论是门捷列夫把一切元素的性质仔细比较以后得出来的。他终于想到了，根据这一重要的特征，就能摸索到使元素有相似和不相似之分的规律。能够帮助他找到物质世界的统一性与规律性的那把钥匙已经找到了。只要善于利用它问题就会迎刃而解。门捷列夫找到了元素的"身份证"，这并不是关键．关键在于他如何巧妙地运用它发现元素周期律。

原子量是固有的，然而运用它制作元素的"身份证"可是一大创举！不过，从制作元素的"身份证"到发现元素之间的联系，进而找到一切元素共同遵守的统一法则，门捷列夫又不知度过了多少不眠之夜！

摆"牌阵"

　　一年四季，不论是寒冬，还是酷暑，不论是大雪纷飞，还是阴雨连绵，门捷列夫都毫无知觉似的闭门钻研。

　　的确，在一项重大发现之前，科学家的一切工作，都是非常艰辛的。

　　门捷列夫对各种元素及其化合物性质的描述反复做了仔细研究。但是，按什么秩序排列它们呢？又怎样才能找到它们的变化规律呢？线索依旧是那么模糊！他如同堕入五里云雾，见不到庐山的瑰丽风光。门捷列夫心急如焚，昼夜难眠，身体日趋虚弱。

　　一天，夜已经很深了。仆人看见门捷列夫的书房还亮着灯，急忙走近书房。咚咚咚……仆人叩门。坐在写字台旁边的门捷列夫仍在思考研究新的方法。仆人进书房后，刚想劝阻教授不要再开夜车了，身体要紧。门捷列夫则先起身说道：

"安东，到实验室找几张厚纸，把筐也一起拿来。"

安东感到莫名其妙，把刚想要说的话又收了回去，她耸耸肩膀，很快走出门外，拿来一卷厚纸。

"帮我把它剪开！"

门捷列夫一边吩咐仆人，一边亲自动手在厚纸上画格子。

"所有的卡片都要像笔记本，对了，就按这格子一样大小。开始剪吧，我要在上面写字。"

门捷列夫在每一张卡片上分别写上每一种元素的名称、原子量、化合物和主要性质，制作出了元素的"身份证"！

筐里逐渐装满了这些货真价实的"身份证"。门捷列夫把它们分成几类，然后摆放在大桌子上。他见安东插不上手，便让她回去休息了。天快亮了，门捷列夫看着这些卡片，进入了梦乡。

翌日，门捷列夫把这些卡片又进行一番整理。像德贝莱纳那样，他把卡片分成三组，按元素的原子量大小排起来，遗憾的是毫无结果。所以他只好打乱了这种组合，把它们排成几行，再把各行中性质相似的元素排成横行……从此他就专心致志地摆起"牌阵"来。门捷列夫的家人，看到一向珍惜时间的教授突然热衷于摆"牌阵"，都感到奇怪。谁也没料元素周期表能在这"牌阵"中诞生。

是啊！谁看到门捷列夫那旁若无人的"变态状况"，每天手拿像纸牌似的元素卡片，收起、摆开，再收起、再摆开……都会误认为他是误入歧途，或是染上玩牌的嗜好。然而，这纸牌中却凝聚着门捷列夫的智慧和心血。门捷列夫把它当做是发现元素周期律的重要手段，所以他久摆不厌。

1869年2月的一天，门捷列夫正在桌上摆"牌阵"，他摆着，摆着，突然像触电似的站了起来，在他面前出现了前所未有的现象！每一行元素的性质都是按照原子量的增大而从上到下逐渐变化着。例如，锌的性质与镁相近，这两个元素便排在相邻的两行中——锌挨着镁。根据原子量，在同一行中紧挨着锌的应该是砷。如果把它直接排在锌后面，砷就落到铝的一行中去了。但是，这两个元素在性质上并不相近。如果把砷再往下排，它就和硅相邻，可是硅的性质也不同于砷的性质。因此，砷应该再往下排——在磷后面。这样，就可以彻底研究性质的近似性。但是，在锌和砷之间还留有两个空位。结论是明显的：这些空位属于尚未发现的元素，它们在性质上是与铝和硅相近的。门捷列夫兴奋地在室内踱步。"这就是说。元素的性质与它们的原子量呈周期性的关系。"他迅速地抓起记事簿，在上面写道："根据元素的原子量及其化学性质的近似性试排元素表。"最后，他终于在化学元素符号的排列中发现了元素具有周期性变化的规律。

德·伊·门捷列夫的元素试排表

			Ti=50	Zr=90	?=180
			V=51	Nb=94	Ta=182
			Cr=52	Mo=96	W=186
			Mn=55	Rh=104.4	Pt=197.4
			Fe=56	Ru=104.4	Ir=198
			Nl=Co=59	Pl=106.6	Os=199
H=1			Cu=63.4	AG=108	Hg=200
	Be=9.4	Mg=24	Zn=65.4	Cd=112	
	B=11	Al=27.4	?=68	Ur=116	Au=197?
	c=12	Si=28	?=70	Sn=118	
	N=14	P=31	As=75	Sb=122	Bi=210?
	O=16	S=32	Se=79.4	Te=128?	
	F=19	Cl=35.5	Br=80	I=127	
Li=7	Na=23	K=39	Rb=85.4	Cs=133	Ti=204
		Ca=40	Sr=87.6	Ba=137	Pb=207
		?=45	Ce=92		
		?=Er=56	La=94		
		?=Yt=60	Di=95		
		?In=75.8	Th=118?		

门捷列夫发现．所有的化学元素可排成一个自然的行列，这个行列以最轻元素氢为排头，它的原子量为1，以原子量最重的金属铀为排尾，它的原子量为238。至于原子量逐渐变大的一切其余元素，可以按"年龄"排在排头与排尾中间。任何一种元素的性质，像外形、稳定性、与其他物质化合的能力，以及它的所有化合物的性质，都是由它在这个行列中所占的位置来决定的。

有趣的是，按照原子量排列的那么多种元素又会自动形成一些互相类似的组，或同类元素的族。

打个比方，有一群高矮不同的人，穿着颜色各异的外衣。乍看时，这里的一切都是偶然的，漫无秩序的，花花绿绿，令人眼花缭乱。可是，一声口令，大家严格按照个头高矮站队。这时即会出现一种意外的巧合，队伍排好后，花花绿绿的现象却自动消失了，人们的服装按照一定的顺序重复了。头7个最小的人依顺序穿着红、橙、黄、绿、青、蓝、紫色的衣服；第二批7个人的服色也是这个顺序，第三、第四，直到末尾的7个人全都是这样。

每隔7个人，服装的颜色重复一次。如果让第二批7个人排在第一批7个人的后头，第三、第四……7个人也都依次往后排，那么，以前那花花绿绿的一群人就分别排成了红、橙、黄等7个小队。

门捷列夫把元素按原子量排列的时候，在元素当中发现的次序就和上例大致相仿。

元素的性质，每隔7个元素周期性地重复一次。类似的元素总要"鱼贯"地排成一小队或一族。

例如，原子量为7的轻元素锂紧跟在氢后面。原子量为23的钠是氢后第9个元素。它和锂一样，也是金属，很活泼、易燃，很容易和别的元素化合。原子量为40的钾，是第16个元素，它也是轻而易燃的金属。此后，每经过一个有规则的间隔或周期，就有一种碱金属自动排到这一族里来：先是铷（85.5），后是铯（133）。在这族最轻的金属中，元素的性质是逐个衍变的。锂最轻，同时也最"安静"，它落到水里，只发热，发出咝咝声，并不像钾或铯那样着火，锂在空气里也比它的同族兄弟们锈得慢。钠比锂活泼，钾比钠活泼，而行尾的那个最重的铯，就无论比哪一个弟兄都更容易跟别的物质化合。铯在空气里简直不能露面，一旦暴露在空气中，立刻就要自燃起来。

每一族里的7种元素都是随着原子量的递增而渐变的。

这样，那乍看好像杂乱无章的物质世界，就显出了惊人的统一性。外在的多样性似乎是偶然的，门捷列夫已经在它后面看出了内在的一致性，铁一般的规律性。于是他给这种规律性取名为周期律。

1869年2月底，手稿完成了，元素表也发排了。门捷列夫满心欢喜，应该说大功基本告成，以为3月6日参加俄国化学会的会议不成问题。正当他积极准备去会议报告他的发现的时候，意想不到的事却突然发生了。

会议前夕，他突然病倒。

"米佳，吃点药，头痛就会好的。"妻子请求着。

"我不相信医生的臆断。请你叫安东来，叫她来。让我和她在一起吧！"

安东手里拿着一瓶酒走进来。

"德米特里·伊凡诺维奇，需要把皮袄拿来吗？"

"拿来，这还有什么说的。"

门捷列夫的情绪很坏，他从安东手中抢过酒瓶，闭目痛饮几大口。

"啊！私酿的白酒吗？"

"最好的药，德米特里·伊凡诺维奇。"

然后，门捷列夫脱光了衣服，赤裸着身子穿上大皮袄，躺在床上。安东给他盖上被子就出去了。

"3天以后病就会过去，不过，我没有3天的时间。"门捷列夫发疯似的叫安东去找他的助手。

他的助手们舒特金问候以后，困惑地向房门后退了一步——门捷列夫身上散发着酒气和发霉的羊毛气味。

其实门捷列夫已经发现自己的不适，但无法控制自己。见到助手的表情方才觉悟，他对自己的这种异样表示歉意后，请自己的助手在次日举行的学术会议上代他宣读报告。

正像门捷列夫预想的那样，报告虽引起了与会学者的极大兴趣，但是由于作者缺席，辩论不得不延期到下次会议进行。

是化学还是相术

在门捷列夫以前，没有一个人看得出元素间的这种自然联系，这并不奇怪。奇怪的是，门捷列夫的伟大发现——元素周期律，竟有许多人持怀疑态度，更有甚者把他的科学预言视作臆造和魔术！

乍一看，门捷列夫的发现并没有什么奥妙，只要按着原子量的大小把元素一个接着一个地写下去，周期律就自动出现了。这件事似乎做起来很容易，容易得跟按照字母的顺序来排列元素差不多！这么简单的发现，怎么别的化学家谁也想不到去试一试呢？

是的，别的化学家也曾尝试过。不过尝试之后，能够发现周期律的，却只有门捷列夫一个人！因为事实上，这件事并不那么简单。

元素之间的真正关系，其实是乱成一团，极难理出头绪的。打个比方，它好像是译成了"密码"似的。要认识这种复杂的化学密码，非有极高的智慧，极丰富的想象力不可。

设想有位侦察员，得到了一份重要的密码文件及其中密码的解法。他迫不及待地把这两张纸摆到桌面上，预备阅读这份秘密文件。可是，当他开始解译的时候，却发现自己是被骗了。他得到的那张解法并不适用。其中有些符号显然顺序搞错了，还有些根本找不到：31个字母本来应该有31个符号，解法里却只有25个或20个符号。假定第一个符号代表A，第二个符号应该代表B还是T，实在没法猜测。这些空白或缺少的符号使全部解法变成毫无用处，因为下面那些符号究竟代表什么字母，全都无法确定。

门捷列夫在发现周期律的时候，所遇到的困难，正和上述的情况完全相同。

门捷列夫以前所有的科学家，虽然不少人研究了元素的分类，但他们大都忙于元素的归族，对于族和族之间的联系，却没有加以深入探讨。虽然尚古多的"螺旋图"和纽兰兹的"八音律表"对此做过尝试，但因与某些事实发生矛盾而遭到忽视或奚落，未能公开发表，不为门捷列夫所知。所以说门捷列夫研究各族相互关系中的规律性，是一种开创性的工作。

门捷列夫比较了不同族的元素原子量的关系后，发现依照原子量逐渐递增排列的元素，它们的金属性逐渐减弱而非金属性逐渐增强。有趣的是这个变化到了一定程度会突然中止，然后又重新开始。既然元素不仅可以依照化学性质归纳成"族"，而且依照原子量的逐渐递增出现"周期"，那么，利用这两个特点，岂不是可以排成一张周期表吗？门捷列夫想到这一层，就在纸上画了起来。然而，他很快就发觉事情并不像想象的那么简单。

他按着原子量把元素排列起来。但他不知道有几种元素的原子量不准确，许多年后才查出有11种元素的原子量测定得很不准确。门捷列夫当时实在无从知道，所以这些元素就带着假的"身份证"站在门捷列夫的"牌阵"里，并没有站在应该站的位置上。这样，元素的自然顺序就被歪曲了，那些由于相似的元素所排成的族遭到了破坏；各族的内部，由于"外来者"的闯入，也乱成一团。

当时已发现的元素中，除作为基准单位的氢以外，原子量最小的是锂（7——门捷列夫时代测得的"通用原子量"，下同），接着是硼（11）、碳（12）、铍（13.5）、氮（14）、氧（16）、氟（19）……从锂到氟，应该正好是一个由金属性向非金属性逐渐变化的周期。可是，在事实上，铍的金属性却比硼，更比碳强。而且，从标示金属性的正化合价和非金属性的负化合价来看，铍的位置也明显地反常：锂（+1），硼（+3），碳（+4、－4），铍（+3），氮（+5、－3），氟（－1）。+1价的锂后面少了一个+2价的元素，+4价的碳和+5价的氮之间却夹进了一个+3价的铍，以致使整个有规则的队伍乱了套。

铍是依照它的原子量而位于碳之后、氮之前的，那么，究竟是元素的性质并不随着原子量而改变呢，还是铍的原子量压根儿就不对？

当时，许多元素的原子量是这样测定的：通过实验可以得到某一元素与8重量单位的氧或1重量单位的氢反应时的重量比例，称为当量（比如，氧化钠中的钠与氧的重量比是46：16，则钠的当量为46÷（16÷8）=23；硫化氢中的硫与氢的重量比是32：2，则硫的当量为32÷（2÷1）=16）。将某一元素的当量乘上化合价正数，即可得到这个元素的原子量，如钠的原子量是23×1=23，硫的原子量为16×2：32。化学家对于准确地测定某个元素的当量比较有把握，但确定它的化合价，却有困难。他们测得铍的当量约为4.7，没有疑问，但它的化合价多少，则颇费周折。由于人们发现铍的许多性质同+3价的铝很相似，便把它看做是化合价为+3价的元素，从而由4.7×3得到约13.7的原子量。门捷列夫同样如此认为，所以将这个原子量数据写在卡片上，并据此把铍排在碳之后和氮之前。结果就发生了有规则的队伍乱了阵容。

然而，门捷列夫坚信化学元素是存在着客观自然规律的。他不因出现了若干"例外"的或者说是"不正常"的现象而动摇。这位勤于动脑而又敢于设想的化学家猛然间产生了一个念头：会不会把铍的化合价搞错了？

他用铅笔将铍的化合价改作+2，重新算出原子量……"真是好极了！"一向沉着的门捷列夫又惊又喜，不由得叫了起来。他的眼前不仅元素的原子量"循序渐进"—锂（7），铍（9.4），硼（11），碳（12），氮（14），氧（16），氟（19），而且它们的化合价也"按部就班"—锂（+1），铍（+2），硼（+3），碳（+4，－4），氮（+5，－3），氧（－2），氟（－1）１7个化学元素，正好是一个金属性由强渐弱，非金属性由弱渐强的完整周期！接下去排列化学元素，又开始出现了新的周期：钠，镁，铝，硅……排到这里，又出现了问题。

站在第4号元素硼和第11号元素铝下面的是第18号元素钛。它们中间的间隔是6个元素，是一个完整的周期，这好像很有规律。但就性质来看，钛在硼和铝这一族中，显然是个"外路人"，它的位置，应该是在隔壁的碳族里，于是门捷列夫决定把钛从第18位上搬开。

"这里应该是一个未知元素站队的地方，这未知元素应该像硼和铝！"他肯定地说。

于是门捷列夫就在这里留下一个空格。跳过这个空格，钛就站在与它有亲缘关系的碳族中了。钛以后的元素呢，也都可以按着原子量递增的顺序一个一个往下排，不至于乱队。他不仅大胆地修正了一些元素的原子量，而且还在元素周期表上留下了四个空格。

门捷列夫利用这样的空格，强迫各种元素站到表中各自应站的位置上，避免了周期律的破坏。不仅如此，为了不让表中出现空白点，他还往空格里面填进了几位自己臆造的元素。他为它们取名为埃卡硼、埃卡铝、埃卡硅……由于埃卡在梵语里是一的意思，这些元素分别为硼加一、铝加一、硅加一……其实门捷列夫根据元素周期律推断的这些元素，不过是人类当时没有发现而已！所以说门捷列夫预测到这些元素的性质，甚至说明了它们的形状、原子量，以及它们同别的元素化合而成的化合物，并不是什么魔术，什么超自然的能力。可是，门捷列夫的正确推算和科学预测，在其他许多化学家看来，却是一种狂妄的行为。

"臆造一些不存在的元素，并且硬说这些元素具有怎样怎样的性质，还把这一切都收罗到精密科学的课本里！所谓精密科学，只限于谈实在的物质，触摸得到的东西，无可争辩的事实。现在把杜撰的东西也收罗进去，那成什么玩意儿。那是化学呢，还是相术？是科学著作呢，还是为预言未来而作的解梦书或解释预兆的书？"

大多数科学家，对于门捷列夫的自然系统和他所预言的元素，都做了这样的或类似这样的批判。

只有事实能够说服怀疑派。但是，好几年过去，门捷列夫周期表中的空格还是空着，只有一些幽灵般的臆造的物质待在里面。谁也不重视它们了，更糟的是人们简直忘掉了它们。

精益求精

门捷列夫誊清了有史以来第一张元素周期表后，便为它起名为《根据元素的原子量及其化学近似性试排的元素系统表》。

为了使元素周期表更加精确和完善，门捷列夫丢下《化学原理》一书的编写工作，集中全部精力攻克元素周期难题。1871年初，他又发表了一篇更有分量的论文《化学元素的周期规律性》。论文说明了化学元素周期律的意义和运用的范畴。用门捷列夫自己的话说："这篇论文是对元素周期性的观点和见解最好的总结，也是以后多次论述这一理论的蓝本。"

附载在这篇论文中的元素周期表，形式上与现代元素周期表已相差无几：竖列的是族，横排的是周期；同族元素化学性质的相似更为清楚明白，由一个周期转入另一个周期的元素性质的变化也一目了然。门捷列夫在这篇论文中把元素周期律定义为："元素（以及由元素所形成的单质或化合物）的性质周期性地随着它们的原子量改变而改变。"按照现代科学理论，严格地说，元素的性质应该是随着原子核内质子的数目，即周期表内的原子序数而周期性地改变的。由于元素同位素的百分组成或相对半度不同，序数与原子量有时出现颠倒，如第27号的钴原子量是58.9332，28号的镍却是58.7，第52号的碲原子量是127.6，53号的碘却是126.9。当初，门捷列夫认为这些元素的原子量测得不够准确。难能可贵的是，他宁可相信元素化学性质的周期性变化规律，也不死守按照原子量大小排列元素位置的教条，所以在周期表上仍然正确地将钴排在镍之前，碲排在碘之前……

排第一张元素周期表时，门捷列夫对"通用原子量"75.6的铟放在哪里举棋不定。按照原子量，它应位于砷和硒的中间，可那里却没有空位，如硬挤进去，不仅与铟的化学性质显然不合，还将使本来适当其位的砷或硒无处栖身。最后，他只好将它放在表的下面，就像迟到的观众站在剧场门口等待领票一样。在这张周期表里，他将铟的化合价由+2改为+3，得到原子量为113.4，排在镉与锡的中间——原先，这个位置由铀占据，他依照同样的原理，将铀的化合价由+3改为+6，原子量也扩大一倍，从而使铟和铀都在周期表上"对号入座"、"妥善安置"了！

此外，两年前，门捷列夫认为只有4种尚未发现的元素，而在1871年附载在"化学元素的周期规律"论文中的周期表上，他竟留下了16个未知元素位置的空格，并推测其中有5种是超铀元素。

同年，门捷列夫又发表了一篇论文《元素的自然系统和应用它来指出尚未发现的元素的性质》。在这篇论文中，他详细论述了推测未知元素物理性质和化学性质的方法。具体地说，某一未知元素的性质，与它的同一族的上、下两个元素的性质及同一周期的左、右两个元素的性质密切相关。例如，它的原子量约等于上、下、左、右4个元素原子量的平均数，密度或比重也可以由此算得；它的化合价即所处族的元素的化合价，金属性比同一周期左面的元素弱而比右面的元素强，比同一族上面元素强而比下面的元素弱；非金属性则恰恰相反。

历来新的化学元素大多由发现者命名。可门捷列夫却没有行使所发现的元素的命名权，只是在这些元素前面的元素上加一个冠词作为新元素的代称，如"埃卡硼"、"埃卡铝"……这既表明该新元素的物理性质和化学性质，又充分体现了运用元素周期律发现的特色。

　　至此，门捷列夫对元素周期律的研究已经完毕。

　　他终于歇了一口气，可是随之而来的却是反响不大，甚至销声匿迹！

元素周期律从沉睡中惊醒

　　昂奋、狂热的门捷列夫，面对着自己的发现不断被冷落，也不得不平心静气地耐心等待胜利的曙光。他回到大学课堂讲课，走进实验室做实验……元素周期律也走进了一段漫长的黑夜，悄悄地进入了梦乡。

　　几年的沉睡过去了，终于在刹那间，东方出现了"太阳星"！

　　1875年9月20日，巴黎科学院例会上。院士伍尔兹（1817—1884）神采奕奕地走上主席台。他用明快的语言做完报告后，又代表他的学生列科克（1838—1912）请求拆阅一包三星期前由他转交科学院秘书的文件。

文件拆开了。原来，里面有封信，是列科克写的。伍尔兹当众宣读了信的内文。

"前天，1875年8月27日，夜间3—4时，我在比利牛斯山中皮埃耳菲特矿山所产的闪锌矿中发现了一种新元素……"

新元素终于发现了！化学家们已经好久没有听到这类振奋人心的消息了。

列科克是一位用光谱分析方法分析化学物质的能手。然而，经过好几年功夫造就出的这一本领，始终未给予他重大的科学发现。今天，他终于获得了辉煌成就：8月27日夜间，他用这种方法分析闪锌矿的成分时，发现了一种陌生的紫色光线，于是便进行了深入研究。经过三个星期的苦战，他得到了极小的几滴锌盐溶液，并从中提取到只能在显微镜下看出来的一粒新元素物质。因此，列科克不敢立刻把这件事向世界公布。为了确保他的发现权，列科克赶忙准备了一个有火漆印封的纸包，把有关他的发现的第一次消息，寄交科学院伍尔兹院士。

此信是在得到这一新发现三个星期之后寄出的。那时，他手中已积下了整整1毫克的未知物质，可以肯定它是一种新元素了。于是他建议把这种新元素定名为镓来纪念他的祖国（镓的拉丁文Gallium为法国的古名高卢）。

列科克信里还写着，他正继续往下研究，有了结果再向科学院报告。不过就是在目前，他手头也已有了几点有关新元素的资料可以报告了：按照化学性质来看，镓很像已知元素铝。

当巴黎科学院的会议记录传到彼得堡时，门捷列夫好像在晴天里听到春雷似的，大吃一惊。

"这个法国人在比利牛斯山中掘到的东西，完全不能算是新元素！门捷列夫早在5年前就发现了它：它就是埃卡铝！门捷列夫的预言完全符合实际……"门捷列夫自言自语地说个不停。

的确，一切都应验了。连他所说的"埃卡铝是一种易挥发的物质，将来一定有人利用光谱分析术把它查出来"也应验了！这件事，在那时候的人看来简直就是奇迹。

门捷列夫欣闻这一喜讯，看到自己的预言这样如此辉煌地变成了现实，激动得流出了热泪。他连夜给巴黎科学院写了一封快信：

"镓就是我预言的埃卡铝。它的原子量接近68，比重在5.9上下。请你们研究一下，再查一查……"

而列科克测得镓的原子量为59.72，比重为4.7，与门捷列夫推测的相差甚远。

全世界的化学家都紧张地关注着这场论争的结果。究竟谁胜谁负，一时难以定论。然而，人们都觉得有趣：一位是独一无二手握镓元素，而且进行了精确测量实验的列科克，另一位则是坐在彼得堡他的书房里，凭着那张小纸片（周期表）做大胆预言的门捷列夫！

列科克本人，一面惊诧，一面觉得莫名其妙：那个远在千里之外的俄罗斯理论家，连镓是什么样儿都没见过，居然断定我测的原子量和比重错了！为了增强他的说服力，列科克又提纯了一块这种新物质，约有1／15克重，算得是够"大"的了，就用它测一测吧！结果，得到新元素的原子量依旧是59.72，比重为4.7。于是他给门捷列夫回信说："我测定的结果准确无误！"

可是，门捷列夫从彼得堡固执地写信说："不对！应该是原子量为68，比重为5.9，您再查一查吧，您那块物质也许还不够纯。"

列科克到底是科学家，在科学研究上没有固执己见。他把镓提纯后再测，果然发现，比重有误，应该是5.94。后来原子量也得到了验证，现代测定的数据为69.72。

他激动异常，兴奋地写信给门捷列夫，承认元素周期表预言的正确，并在一篇新的论文中，极其钦佩地写道："我以为没有必要再来说明门捷列夫先生这一理论的巨大意义了！"

科学史上第一次用确凿的事实证明了关于新元素的预言。元素周期律从此不再沉睡于漫漫长夜之中，而是以它那特有的风姿，走向化学科学的历史舞台！与此同时，门捷列夫关于元素周期律的论文，很快被译成法文、英文、德文……传遍世界各地。

东山再起

元素周期表的预言，由镓的发现而得到证实，这件事在化学界，乃至科学界都引起了强烈的震动。它像科学的明灯照亮了化学王国，世界性的"按图索骥"——寻找新元素的热潮，正在蓬勃掀起！

成功并没有让人们期待多久，胜利就接踵而至了。

1880年，瑞典化学家尼尔逊（1840—1899）在一种名叫"硅钇矿"的矿物中发现了一种新元素。由于瑞典位于斯堪的纳维亚半岛上，他把元素命名为钪（Scandium）。可是还没有来得及着手研究它的性质，立刻就发现：这也是一位"老相识"！它就是门捷列夫周期表上的另一空格——第18格——中的"埃卡硼"！于是他心悦诚服地写道："这就显然地证实了俄罗斯化学家的理论。这一理论不仅能预见到未知元素的存在，而且能预言它的最重要性质。"

不错，尼尔逊的发现真的与门捷列夫所描述的类硼——埃卡硼完全符合！他的朋友在欢呼，就连他的反对者也心服了，因为这是真正的胜利，俄国化学家的成就得到了世界的公认。

"尼古拉·尼古拉耶维奇，您瞧，我的理论研究也成为'事业'了。"门捷列夫对齐宁老师说道。

"德米特里·伊凡诺维奇，您可别生气啊！我们是老一辈的人了。过去和现在对我们来说最重要的是，制取新的物质和研究它们的性质。人们创造了许多理论，可是被推翻的有多少啊！所以我们习惯于怀疑一切新的理论。但是，周期律却完全是另一码事。它使您声名显赫，俄国的科学也和您一起扬名全世界。当人们想到这是自己同胞的功绩时，该是多么高兴啊！"

"8年前，当我首次描述当时尚未发现的元素的性质时，我并没有想到我能活到它们被发现以及周期律的正确性得到实际证实的这一天。现在，当这些预言再次得到证实时，我可以大胆而自豪地说，周期律是普遍适用的。"

"在取得这样的成就以后，您肯定会获得普遍承认的！"

齐宁说得对。不久，就传来消息，欧洲各大学和科学院纷纷授予门捷列夫以各种荣誉称号。

受到人们普遍赞扬的门捷列夫，在自己的家庭中却常常感到孤独和不幸，他常常把自己关在书房里，陷入痛苦的沉思……

妻子同他离婚了，孩子们也纷纷抛弃了他。凄风苦雨有几何？个人生活中的痛苦、欢乐，怎能凌驾于他的主要事业——科学，只有科学，也唯有科学，才能给门捷列夫带来真正的快乐和满足。

是的，门捷列夫没因此而停止对化学的强烈追求。他的创造力几乎是不能穷尽的。他一边教书，一边研究，经常反复考虑周期律向科学提出的各种问题，同时又对许多新的项目发生兴趣。然而，正当他满面春风地迎接一个又一个新的科学成果时，"门捷列夫事件"却突然爆发了。

"门捷列夫事件"

由于镓的发现，元素周期表获得了光辉的证明，门捷列夫也因此成了化学史上的风云人物。一时间，他光荣地成为100多个科学团体的名誉会员，伦敦、巴黎、柏林、罗马……多家科学院纷纷授予他为名誉院士。

然而，这位誉满全球的化学家，由于他的民主主义思想倾向，以及他在1879年彼得堡大学发生学生运动时，对于进步学生表示过支持，在国内却遭到了沙皇政府的冷遇和排挤。

1880年，俄国科学院的化学工艺学讲座院士齐宁逝世。按照这个"俄罗斯帝国第一流科学家团体"的章程，院士缺额应当补选。著名的有机化学家布特列洛夫（1828—1886）院士等提名门捷列夫为候选人，指出："门捷列夫有资格在俄国科学院中占有席位，这是任何人都不可能否认的。"

的确，当时不仅在俄国，就是在全世界，也没有任何人能够同门捷列夫争夺这个院士席位。不过，布特列洛夫等人却忽略了这一点：俄国科学院上面有沙皇及其仆从。

选举开始了。

红色的投票箱闪烁着科学的光芒！布特列洛夫等正直的科学家，信心十足地随着庄严肃穆的队伍，走向了投票箱，投进那张选票后，便欣慰地等待着令人满意的选举结果。

可是，谁能料到，科学院也并非是一块净土，占多数的反动分子竟暗中调拨了"科学的天平"。正是由于这些人从中作梗，才使门捷列夫名落孙山！

尽管毫无准备的布特列洛夫等人对门捷列夫的落选表示了强烈的愤慨，但也是无济于事。选举大会照样奏响了那令人哭笑不得的乐章。

选举结果很快传到门捷列夫的耳边，他表现得非常冷静，仿佛早有准备似的，没有一点异样表情。

他对此没有不平的感慨吗？不。这位屡遭挫折的化学家，心里的创伤很大，不过是没有表现出来罢了！

可是，消息传出后，却使整个科学界产生了强烈的"地震"！报上发表了激烈抨击沙皇政府的文章：《俄罗斯的科学院还是皇帝御用的科学院？》；莫斯科的教授们写信给门捷列夫，愤怒谴责科学院"反动的黑暗势力压抑了科学家的呼声"。基辅大学聘请门捷列夫为名誉教授，接着，俄国所有的大学都选他为名誉教授，以此向沙皇反动势力表示抗议。国际舆论也多抱不平，把俄国科学院这一不光彩的举动以及俄国科学家和进步团体的抗议，称作"门捷列夫事件"。

"门捷列夫事件"清楚地告诉了门捷列夫本人：他今后未必能得到官方科学机构的支持，甚至还得提防沙皇政府可能对他施加的压制和打击。为了排除烦恼，他与刚结婚不久的妻子安娜·伊凡诺夫娜·波波娃一起，不得不走进了另一个世界：谈论绘画，读惊险小说、游记和诗歌……

安娜是位很有教养的人，她精通绘画，喜欢文学，通情达理，善解人意。在她的关心和照顾下，门捷列夫渐渐地忘掉了这一切一切的不幸。

他又忙起来了！如果一天没课，他就从清早起，毫不间断地一直工作到下午5点30分，按照自己的习惯在6点钟进"午餐"，然后，通常就继续工作到深夜。

原来，他又开始研究起几年前曾经涉及的气象学问了。

正当他的研究百尺竿头又进一步之时，他又惊闻元素周期律第三次胜利的喜讯！

元素周期律的第三次胜利

1886年初的一天夜晚，门捷列夫心烦意乱。他信手拿起李比希的《年鉴》增刊，随意翻阅起来……突然，一则关于温克勒尔（1838—1904）发现新元素的报道映入他的眼帘。

原来，门捷列夫所预言的化学元素"埃卡硅"又被发现了！

是的，自从镓、钪相继被发现，门捷列夫元素周期律的理论也逐渐为人们所接受。他所预言的元素已为科学家们深信不疑，所以新元素一露面，便立即拿门捷列夫的预言来对照。结果是：1871年门捷列夫所断定的"埃卡硅"

的性质，与15年之后温克勒尔所测得的数据，何其相似！

门捷列夫在1871年预言说，碳和硅那一族里将要出现一种新元素，这新元素一定会是深灰色的金属，原子量72左右，比重约5.5，几乎不和酸起作用，氧化物的分子式为E_sO_2（E_s代表埃卡硅），氧化物的密度可能在4.7上下，氧化物应该易溶于碱，能用氢或碳还原为金属，氯化物应该是液体，密度约1.9，沸点低于100℃；温克勒尔用实验测定的锗（Ge）的性质：黑灰色的金属，原子量为72.32（现代测定为72.59），比重是5.47（现代测定为5·35），很难与酸相互作用，氧化物分子式为GeO_2，氧化物的密度为4.703，氧化物易溶于碱，并且可被氢或碳还原为金属，$GeCl_4$为液体，密度1.887，沸点86℃。

同年2月26日，门捷列夫给温克勒尔写了信。几天后，便收到了他的回信：

"阁下：

谨随信寄上我发现的新元素'锗'的报道单印本一份。最初，我认为，这个元素填补了您以奇异的洞察力所制定的周期表中介于锑和铋之间的空位，而且同您的'埃卡锑'相近。但是，一切迹象表明，我们是在和'埃卡硅'打交道。我希望尽快地向您报告这一有趣的物质。今天，我仅向您报告这个很可能是您天才的研究工作新胜利的大致情况，并表示我对您的深深敬意。

忠于您的克莱曼斯·温克勒尔

萨克森，弗赖堡。

1886年2月26日"

温克勒尔倾倒备至，不仅写信祝贺门捷列夫元素周期律取得的新胜利，而且，他还在一篇论文中说："未必再有例子能更明显地证明元素周期律学说的正确性了……它标志着人类化学视野的显著扩大，意味着人类对于世界的认识大大地迈进了一步。"

此后不久，门捷列夫在再版的他的著作《化学原理》时，感慨地写道："我未曾想到自己能活到周期律推断的新元素获得证实的日子。然而在科学事实上，我叙述过三种元素的性质，'埃卡硼'、'埃卡铝'和'埃卡硅'现在都已万分欣慰地看到它们被发现了"。其实，从这些元素的发现过程来看，是先被认识然后才被发现的，与其说"发现"，倒不如说"找到"！

元素锗的发现，使元素周期律取得最辉煌的第三次胜利。可以说，它经得起历史的考验，因为到1940年，他所预言的未知元素，全都被相继找到了！

然而，这一伟大的科学成就，竟有人按照自己的愿望和想象，把它看做是偶然的发现，把门捷列夫说成是幸运的天才。对于这个问题，最好是听一听门捷列夫自己的回答："唔！天才就是这样，终身努力，便成天才。"一天，《彼得堡小报》的一个记者问门捷列夫："请问您是怎样想到您的周期律的？"门捷列夫哈哈大笑，回答道："这个问题我大约考虑了20年。而您却认为，坐着不动，5个戈比1行、5个戈比（指稿费）地写着，突然就成了！不，事情并不是这样的！"

的确，目睹元素周期律的节节胜利、步步辉煌，有谁会想到，这里竟凝聚着门捷列夫20年的心血！可是，却有人竞相争夺发现周期律的优先权：德国人举出了迈尔，英国人认为属于纽兰兹，法国人说尚古多才是创始者……众说纷纭，莫衷一是。门捷列夫不否认他以前的和同时代的科学家在探索元素规律方面所做的工作。他说过："周期律是由60年代末期已有的各种比较和验证过的资料中直接得出的，它也是由这些资料综合成的比较完整的表述。"但是，既然发生了争论，他也就不能再保持缄默，这并非为了个人，而是为了科学。他申明自己早在1869年3月就分发过周期表的单页，此后又发表过许多篇论文；最能说明问题的是：无论是尚古多、纽兰兹或迈尔，都没敢预测某些未知元素的性质，也未敢改变当时的"通用原子量"；总之，他们没有像我这样从最初（1869）就认为周期律是一个崭新的、能够包括一切事实而又经得起检验的自然规律。

其实，无数科学事实早已证明，门捷列夫当之无愧为元素周期律的发现人！

遗憾的是，那时俄国正处于残暴而又落后的专制政体之下，门捷列夫在国内不仅没有得到应得的礼遇，反而还遭到了肆意侮辱。人们不敢相信，这位才智过人，成就卓著的俄罗斯化学家一直没有成为俄罗斯帝国科学院院士，并因他"胆大包天"，替学生们向政府转递改善大学制度的请愿书，而被政府撵出大学校门。于是这位举世闻名的老化学家，竟有好几年连使用实验室的权利都被剥夺，以致无法进行科学研究工作。

尽管如此，他对待自己的祖国仍然是满腔热忱。他在给温克勒尔的信中写道："……就我个人来说，我爱自己的国家，把它看做是母亲；我爱科学，把它看做是神。"他总想把力量和才能全部用来为祖国谋福，可是他的一些切合实际的建议差不多都被当做了耳边风。

那时候，高加索的石油工业正在开始繁荣起来。门捷列夫曾几次谈到石油是最宝贵的化学产品，应该合理利用。他说，用石油来烧锅，等于烧纸币。他希望石油的开采和加工能够按照全部的科学规则来进行。可是谁也不听他的话。业主们强盗似地开采石油，又浪子般地糟蹋和消耗……面对这种情景，他十分气愤和不满。可是他却没有因此中止对科学的追求。为了研究气象学问题，他竟勇敢地独自一人乘驾气球升入高空。

一次特殊的飞行

"旅行家向往的，不是那些已经去过的地方或是已经知道的地方，而是那些人迹未到的地方。眼下最能吸引我的，就是至今还没有任何人知道或是仅仅知道一点点的气体弹性知识。我不知道的东西很多，但必须从中选择一些最重要的，同时又是可能找得到的。"门捷列夫在完成元素周期表后这样说道。

果然，他发现了理想气体新的状态方程式，简化了三个著名气体定律的一切近似计算。与此同时，门捷列夫还对大气层的气象学问题发生了兴趣，因而萌发了乘坐气球升到高空去研究的想法。于是，他用自己出版著作所挣来的报酬，作为实现他"升天"研究气象学的资金，开始了艰难的历程。最后，他设计了极其灵敏的差示气压计——特殊构造的高度计等仪器，成功地制造了一只巨大的氢气球。

1887年8月19日，是俄国发生日食的日子。

门捷列夫用过早餐，一切准备就绪，急切地等待良机的到来……

按照原计划，他将与一位航空家一起驾着气球升空，可是临时发现气球的上升力除了负担吊篮和仪器外，只能乘载一人。面对这突如其来的事故，门捷列夫没有退缩，这位50多岁患有心脏病的老化学家，毅然决定独自升空。许多人劝阻他别冒险，可是他却一边拒绝，一边跨进吊篮。

"气球也是物理仪器。有多少人像注视科学实验那样等待观察这次飞行。我不能辜负他们对于科学的期望！"他坐在吊篮里回首对大家说道。

大家纷纷被这敢为科学冒险的精神所感动，不由得鼓起掌来。

伴着连续不断的掌声，气球冉冉上升。

门捷列夫在吊篮中仔细观察了日食现象，并对高空气象做了详细记录……忽然，气球的操纵器出了毛病。在这随时都有坠落危险的紧要关头，门捷列夫沉着、冷静，勇敢地爬到气球网绳上排除了故障。这不仅显示了一位化学家的胆识，也表现出他为科学敢于献身的革命精神。

气球降到地面，地面响起了热烈的欢呼声。

这是一次了不起的飞行，也是这位理论化学家走出书本，把他的理性思维运用到实践中的一次考验。事后，法国气象航空学院专门为门捷列夫的这次成功飞行授予他荣誉奖状。然而，沙皇政府却对门捷列夫的壮举及功勋装聋作哑。

1890年3月，彼得堡大学爆发了反对沙皇亚历山大三世反动统治的学生运动。门捷列夫支持广大的进步师生，积极参加集会和发表演说，并且义无反顾地接下了一份请愿书，保证将它递交给国民教育部长捷良诺夫。两天后，捷良诺夫把请愿书退还给了他。门捷列夫十分气愤，几次要求见部长，可是却一再遭到拒绝。为了表示对沙皇反动政府的强烈抗议，门捷列夫决定辞职。由此，学生运动也推向了高潮。很快，沙皇政府出动警察镇压，逮捕了一大批进步学生。门捷列夫也被迫离开了伴他30多年的讲台，到那令人难以忍受的一个落后的小岛上生活。

贫穷、落后，他都可以忍受，可是他却忍受不了这无所事事的苦闷。不久他又开始了他那本能的学术研究。

　　应海军部的邀请，他开始研制新型无烟火药。结果于1892年成功地发明了低氮硝化棉胶火药。后又涉足农业土壤学、钢铁工业……

　　门捷列夫对于科学的贡献是广泛而巨大的。不过到了晚年，在某些问题上，他也曾为形而上学的自然观所束缚。比如，当20世纪初由于放射性物质的发现，科学家提出一种化学元素可以蜕变转化成另一种化学元素的观点时，他却表示决无这个可能。与此同时，他对新发现的电子也持否定态度，说电子没有多大用处，丝毫不能澄清事实。这些错误观点之所以产生，很重要的一个原因是他脱离了对于化学元素研究的实践。事实上，恰恰是这些新的科学理论，才揭开了原子结构学说的序幕，才能够从本质上解释并大大发展了元素周期律学说。

噙泪挥笔写春秋

时光流逝，岁月无情。紧张而又繁忙的工作悄然把他带到暮年。

20世纪开始的几个年头里，门捷列夫常常生病，视力急剧衰退，双手颤抖不能写字……这位孜孜不倦的老化学家，终于觉察到自己已经走近了生命的尽头。于是，他开始撰写自传，清理自己的著作，不停地写日记，有时还在日记本中作一些札记。

"和我的名字相联系的只有四件事：周期律、气体张力的研究、认识溶液是缔合物以及《化学原理》。这就是我的全部财富。它们不是从别人那里抢来的，而是由我自己创造出来的，这是我的成果，我极为珍视它们，啊，就像珍爱我的孩子一样。"

"看来，周期律将来不致遭到破坏，而只会提高和发展。作为一个俄国人，尽管有些人特别是德国人，想把我抹杀。可是我很幸运，特别是由于我对镓和锗的预言……关于在低压下的张力问题，时至今日，虽然已经过了30年，依然知之甚微。但是，我寄希望于未来。人们将会明白，我所发现的东西，对于了解整个自然界和微观世界既普遍又重要……看来，对于溶液，人们开始理解，就连奥斯特瓦尔德一派的人也开始正确地评价。我这里实际掌握的资料不多，然而坚实的理论基础显然已经奠定了。我首先寄希望于美国人，他们在化学方面开始做出很多好东西。他们会记起我的……这部《化学原理》是我的宠儿。其中有我的教学方法和经验以及我所倾心的科学思想……在《化学原理》中有我倾注的心血和我留给后人的遗产……"

门捷列夫有时口授由秘书笔录，有时亲自动笔．尽管他体力不支。但还是信心十足。

1906年冬，白云、雪花终于从瑞典斯德哥尔摩带来一年一度的诺贝尔奖评选结果：瓦桑以一票优势战胜了门捷列夫，获得了该年度的诺贝尔化学奖！俄国彼得堡的科学界无不为此感到遗憾。

然而，谁人会想到，那位法国化学家瓦桑合成的人造金刚石，竟然是假的。原来，瓦桑的助手，对科学研究缺乏毅力和信心，在无休止的、繁重的重复实验中，感到厌倦和烦恼，偷偷地把过去实验剩下来的一颗天然金刚石颗粒混入实验材料之中……多么可怜的瓦桑，九泉之下，他也不知道自己受了骗，更不知道以他响亮的名字蒙骗了世人。当然这是后来人们才发现的。不过，这次事故却给化学元素周期律的创始人门捷列夫造成了巨大的损失。

这位年迈的老人，怎能经得起这样巨大的打击啊！他的身体急剧变坏。然而，他那矢志不移科学探索到生命的最后一分钟的精神，却支撑着他，使他在临终前三星期还参加讨论了乘飞艇到北极探险的计划。

1907年初，他的姐姐玛丽雅·伊凡诺夫娜·波波娃来看他。她见到弟弟已是个面色苍白、头发稀疏的瘦老头子，心里很难受。

"你需要休息，米钦卡！你这一辈子工作得够多了。"

"对于我来说，最好的休息就是工作。停止工作，我就会烦闷而死。"

他真的工作到了最后一天。1907年2月2日清早，人们在门捷列夫的书桌前发现：这位伟大的化学家已经与世长辞——手中依然握着笔。

噩耗传出，整个俄国社会都震惊了。他虽然没有成为俄国科学院院士，也未获得诺贝尔化学奖，但是他却走出了化学迷宫，创立了伟大的科学理论——元素周期律。元素周期律对于化学发展起到的推动作用是多么巨大啊！门捷列夫本人及其后来者都曾根据元素周期律，预言了一些当时尚未发现的元素的存在和性质；元素周期律还指导了对元素及其化合物性质的系统研究，成为现代有关物质结构理论发展的基础。更值得指出的是，元素周期律揭示了自然界物质的内在联系，反映了物质世界的统一性和规律性，是唯物辩证法从量变到质变规律的一个有力例证，具有重大的哲学意义。后来，恩格斯在《自然辩证法》著作中，高度评价了门捷列夫的功绩："门捷列夫证明了在依据原子量排列的同族元素系列中，发现有各种空白，这些空白表明这里有新的元素尚待发现。他预先描述了这些未知元素之一的一般化学性质……门捷列夫不自觉地应用黑格尔的量转化质的规律，完成了科学上的一个勋业，这个勋业可以和勒维烈计算尚未知道的行星——海王星的轨道的勋业居于同等地位。"

人们缅怀他，敬仰他，为他举行了隆重的葬礼……直到今天，门捷列夫这不朽的名字仍为世人传颂。

世界五千年科技故事丛书